FALTPLAN

»Schreiben Sie uns!

Wir hoffen, dass Ihnen dieser Reiseführer gefällt und er Ihnen ein guter Begleiter auf einer außergewöhnlichen und spannenden Reise ist.

Weil ein Reiseführer von Erfahrungen lebt, sind wir an Ihren Erlebnissen interessiert: Haben Sie im Buch ein Restaurant entdeckt, das es nicht mehr gibt, eine Sehenswürdigkeit, die wir noch nicht aufgeführt haben, oder eine falsche Adresse? Dann schreiben Sie uns!

Wir nehmen jeden Hinweis und jede Kritik ernst und arbeiten kontinuierlich daran, die Bücher aktuell zu halten und immer weiter zu verbessern. Auch wenn wir nicht jeden Wunsch erfüllen können, machen wir uns immer Gedanken über Ihre Anmerkungen.

Schreiben Sie an: info@reise-know-how.de oder Reise Know-How Verlag Peter Rump GmbH, Postfach 140666, 33626 Bielefeld

Wenn sich Ihre Infos direkt auf das Buch beziehen, bitten wir um die Angabe der Seitenzahl und der Auflagennummer bzw. des Erscheinungsjahres. Besonders hilfreiche Beiträge belohnen wir mit einem Sprachführer Ihrer Wahl aus unserer „Kauderwelsch"-Reihe.

Herzlichen Dank und gute Reisen
Ihr Reise Know-How Verlag

Diesem Buch wurde hier ein herausnehmbarer Faltplan b…
Sollte er beim Erwerb des Buches nicht mehr vorhanden sein, …nach.

Liebe Leserin, lieber Leser,

ein unabhängiger Verlag für unabhängig Reisende – das sind wir, der Reise Know-How Verlag aus Bielefeld, eines der letzten Familienunternehmen in der Branche. Obwohl wir zu den größten Reiseführerverlagen Deutschlands gehören, ist der familiäre Umgang miteinander in allen Bereichen des Verlagslebens zu spüren: In der Geschäftsführung in zweiter Generation, in einer wertschätzenden Arbeitsatmosphäre, in der Nähe zu unseren frei arbeitenden Autorinnen und Autoren, im engen Austausch mit unseren Leserinnen und Lesern – und auch in der Zusammenarbeit mit Druckereien in Deutschland, in denen wir ausschließlich und regional unsere Bücher produzieren. Die sollen schließlich erst mit Ihnen auf große Reise gehen.

Alles, was wir in unsere Bücher und Landkarten stecken, soll Ihnen eines ermöglichen: Auf Ihre ganz eigene, individuelle Weise die Welt zu entdecken. Wir wünschen Ihnen viel Freude und unvergessliche Erlebnisse mit diesem Reiseführer.

Es grüßen herzlich
Peter Rump & Wayan Rump

Eine Metropole mit Geschichte

Dublin, mittlerweile die einzige englischsprachige Metropole in der EU, ist eine multikulturelle, lebendige und sich ständig wandelnde Stadt. Alt und Neu gehen hier Hand in Hand: In Laufweite der modernen, neu belebten Docklands (s. S. 46) befinden sich georgianische Plätze, an denen Dublin sich sein Erscheinungsbild aus dem 18. Jh. bewahrt hat. In vielen Museen werden Ausstellungsstücke multimedial präsentiert, in anderen wie dem Naturkundemuseum 4 ist alles noch genau wie zu ihren Gründungszeiten, was aber ebenso seinen Charme hat.

Die irische Hauptstadt hat eine große Anzahl an Literaturnobelpreisträgern und Schriftstellern von Weltruhm hervorgebracht, weshalb die UNESCO Dublin 2010 zur Literaturstadt erklärte. Bereits seit 1954 wird hier am 16. Juni der „Bloomsday" (s. S. 92) begangen, jener Donnerstag des Jahres 1904, an dem der Roman „Ulysses" von James Joyce spielt. Gleich mehrere Museen widmen sich zudem dem literarischen Erbe der Stadt und des Landes, darunter das Museum of Literature in Ireland (s. S. 62).

Eine wichtige Institution im Leben der Dubliner ist der Pub (s. S. 76), wo man sich in gemütlicher Atmosphäre zu einem *Pint* trifft. Aber auch die vielen individuellen Cafés (s. S. 73) haben ihren festen Platz im Alltag der Stadtbewohner. Vorbei sind die Zeiten, in denen man in Dublin keinen guten Kaffee bekam.

Die Heimat von U2, den Dubliners, Thin Lizzy und den Chieftains hat natürlich auch musikalisch viel zu bieten: Livemusik – sei es in den Pubs, auf der Straße oder an den zahlreichen Veranstaltungsorten – ist aus dem Leben der Iren nicht wegzudenken und in den Clubs (s. S. 79) legen DJs bis in die frühen Morgenstunden auf.

Das beste an Dublin sind aber nach wie vor die Dubliner, die gastfreundlich und immer zu Smalltalk aufgelegt sind und einen bissigen Wortwitz haben.

Die Autoren

Astrid Fieß und **Lars Kabel** beschäftigen sich seit ihrem Studium in Freiburg und Irland intensiv mit der grünen Insel. Die Autoren wohnen inzwischen in Birmingham, Großbritannien. Lars Kabel arbeitet dort als Lehrer für Fremdsprachen im Sekundarschulbereich, Astrid Fieß ist freiberufliche Übersetzerin und Sprachtrainerin. Beide Autoren engagieren sich in der irischsprachigen Kulturszene der West Midlands, einer Region mit vielen irischstämmigen Einwohnern.

Im Reise Know-How Verlag erschienen von den Autoren der Sprachführer „Irisch-Gälisch – Wort für Wort", der Kulturschock „Irland", der Reiseführer „Irland/Nordirland" und der CityTrip „Belfast".

082du-kf

Dublin auf einen Blick

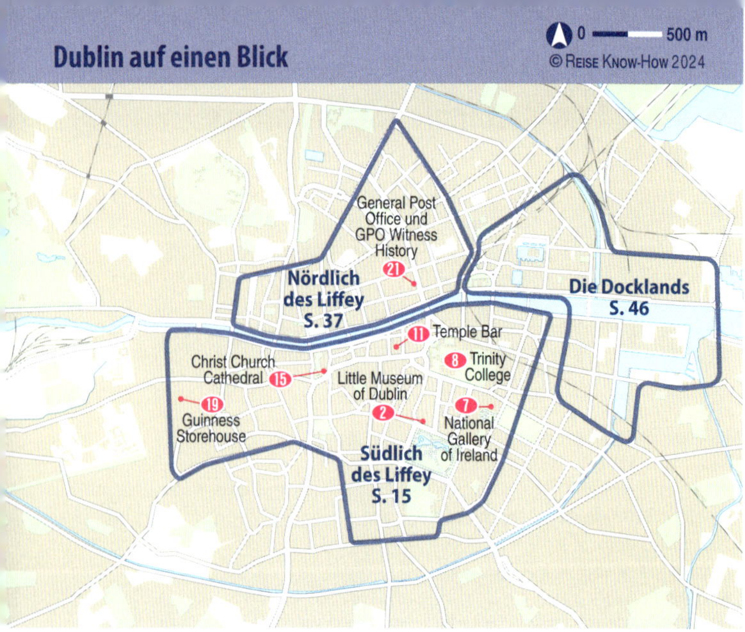

Inhalt

MEIN TIPP

Vor der Reise erledigen

› Die Tickets für das Trinity College ⑧ sollten vor dem Besuch online gebucht werden.

Cleveres Nummernsystem

Die Sehenswürdigkeiten sind im Text und im Kartenmaterial mit derselben **magentafarbenen ovalen Nummer** (1) markiert. Alle anderen Lokalitäten wie Geschäfte, Restaurants usw. tragen ein **Symbol und eine fortlaufende rote Nummer** (1). Die Liste aller Orte und die Zeichenerklärung befinden sich im Anhang.

Der Schmetterling ...

... zeigt an, wo man Angebote im Bereich des nachhaltigen Tourismus findet.

Bewertung der Sehenswürdigkeiten

- ★★★ nicht verpassen
- ★★ besonders sehenswert
- ★ wichtig für speziell interessierte Besucher

Planquadrat im Kartenmaterial

[A1] Orte ohne diese Angabe liegen außerhalb unserer Karten. Ihre Lage kann aber wie die aller Ortsmarken mithilfe der begleitenden Web-App angezeigt werden (s. Anhang).

Vorwahlen

- für Irland: 00353
- für Dublin: 01

Updates zum Buch

www.reise-know-how.de/citytrip/dublin24

In den Pubs von Temple Bar (11) kann man jeden Abend Livemusik genießen (001du-kf)

LIVE
MUSIC
DAILY
SIGN DESIGN LTD

NICHT VERPASSEN!

2 Little Museum of Dublin [J8]
In üppig mit gespendeten Gegenständen gefüllten Zimmern wird in diesem wohl ungewöhnlichsten Museum der Stadt bei interaktiven Führungen die Geschichte der Dubliner erzählt (s. S. 17).

7 National Gallery of Ireland [K7]
Die exzellente Sammlung umfasst europäische Malerei aus verschiedenen Jahrhunderten, vermittelt aber vor allem einen guten Eindruck von der irischen Kunst (s. S. 21).

8 Trinity College [J7]
In der Bibliothek der ältesten Universität Irlands kann man das wunderbar illustrierte Book of Kells und die älteste Harfe Irlands bewundern. Sehenswert ist auch der 65 m lange, holzvertäfelte Long Room (s. S. 22).

11 Temple Bar [I6]
Im quirligen Viertel mit seinem guten Angebot an kleinen Läden, Restaurants, Bars und Kleinkunst kann man sich in engen Gassen treiben lassen und abends in den Pubs irischer Folkmusik lauschen (s. S. 27).

15 Christ Church Cathedral [G7]
In dem Gebäude aus dem 12. Jh. befindet sich u. a. das Grabmal von Richard de Clare alias Strongbow. Die Ausstellung in der Krypta zeigt historische Artefakte und Kuriositäten (s. S. 32).

19 Guinness Storehouse [E7]
Wer mehr über den irischen Exportschlager erfahren möchte, ist hier genau richtig. Besucher lernen etwas über die Herstellung und Vermarktung des berühmten Biers und natürlich kann man auch probieren (s. S. 36).

21 General Post Office und GPO Witness History [I5]
Dublins Hauptpostamt war einer der wichtigsten Schauplätze des Osteraufstands von 1916. Die Ausstellung GPO Witness History geht interaktiv auf dieses wichtige Ereignis und seine Hintergründe ein (s. S. 40).

DUBLIN ENTDECKEN

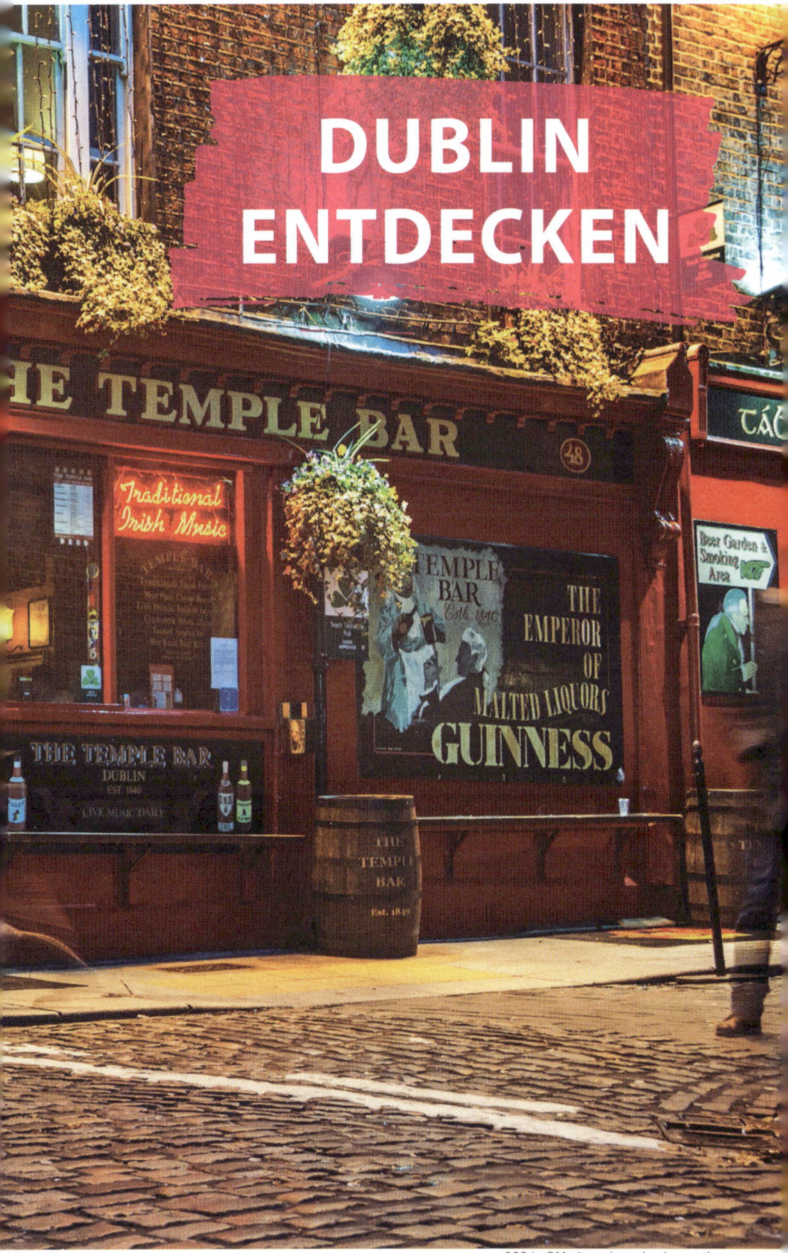

002du ©Madrugadaverde, dreamstime.com

Willkommen in Dublin

Dublin ist für eine Hauptstadt angenehm überschaubar. Vieles kann man zu Fuß unternehmen und es gibt **gute Straßenbahnverbindungen** (Luas) von Ost nach West (Red Line) oder von Nord nach Süd (Green Line) und in die Außenbezirke (s. S. 126). Die meisten Touristenattraktionen befinden sich im Innenstadtbereich. Hier ist es am praktischsten zu laufen, aber man kann auch eines der **Mietfahrräder** (s. S. 118) leihen, die an zahlreichen Stationen in der Stadt verfügbar sind. Außerdem verbinden **Hop-on-hop-off-Busse** (s. S. 119) die meisten wichtigen Sehenswürdigkeiten, die etwas weiter außerhalb liegen, mit den zentraleren Bezirken.

In **Temple Bar** 11, unmittelbar südlich des Flusses Liffey, ist Dublin am lebendigsten. Hier finden sich zahlreiche Kneipen und Cafés, kleine Geschäfte, Märkte und kulturelle Einrichtungen. Nicht nur am Abend kann man hier durch die Straßen spazieren und die geschäftige Atmosphäre genießen. Für Museumsfreunde wird es besonders rund um das **Trinity College** 8 und **St Stephen's Green** 1, etwas östlich und südöstlich von Temple Bar, interessant. Einige Bibliotheken und Abteilungen des Nationalmuseums (3 und 4) befinden sich nur etwa 10 bis 20 Gehminuten entfernt. Außerdem hat die Gegend mehrere **Parks** und **Grünanlagen** zu bieten, in denen man eine Pause einlegen kann, und die Haupteinkaufsmeile um die **Grafton Street** ist gleich um die Ecke.

Eine weitere gute Einkaufsecke ist die Gegend um die **O'Connell Street** am nördlichen Flussufer. Hier finden sich ebenfalls Restaurants und der bekannte **Moore Street Market** (s. S. 85). Die **Docklands** (s. S. 46), östlich davon, sind auch noch gut zu Fuß zu erreichen. Dieser moderne und neu regenerierte Stadtteil ist vor allem architektonisch interessant. Es gibt aber auch ein Museum zur irischen Emigration (**EPIC** 30) und das das nachgebaute Auswandererschiff **Jeanie Johnston Tall Ship** 31.

Die **Liberties** (s. S. 16) sind eines der traditionsreichsten Viertel der Stadt und bei einem Besuch des bekannten **Liberty Market** (s. S. 85) kann man noch das Flair des „alten" Dublin erleben. Ursprünglich waren die Liberties das Zentrum der Whiskeyherstellung und heute gibt es wieder mehrere neue Brennereien und außerdem das **Guinness Storehouse** 19, in dem sich ein Besuch auf jeden Fall lohnt. Weiterhin finden sich hier einige der ältesten Gebäude der Stadt wie Dublin Castle 13, Christ Church Cathedral 15 und St Patrick's Cathedral 17. Zu Fuß ist man von Temple Bar aus etwa 20 bis 30 Minuten unterwegs, bis zum Guinness Storehouse oder zum **Kilmainham Gaol** 39, einem ehemaligen Gefängnis aus dem 18. Jh., deutlich länger. Hier empfiehlt sich eine Fahrt mit dem Hop-on-hop-off-Bus oder man nimmt von der O'Connell Street aus die rote Luas-Linie bis Heuston Station und geht von dort zu Fuß. Auch Smithfield mit der **Old Jameson Distillery** 27 und **Phoenix Park** 37 sind mit der roten Luas-Linie am besten zu erreichen.

◁ Vorseite: Im Viertel Temple Bar 11 gibt es unzählige urige Pubs zu entdecken

▷ Der Glockenturm auf dem Campus des Trinity College 8

Dublin ist sowohl bei irischen als auch bei internationalen Touristen beliebt und vor allem im Sommer kann die Stadt relativ voll werden. Die lebendige Atmosphäre macht allerdings auch den Reiz der Stadt aus und, wenn man einmal ein wenig Ruhe haben möchte, findet man in einem der vielen Parks auf jeden Fall ein nettes Plätzchen.

Dublin an einem Tag

Wenn man den Morgen gestärkt mit einem üppigen irischen Frühstück begonnen hat, bekommt man einen ersten Eindruck und ein Gefühl für die verschiedenen Gesichter der Stadt am besten, wenn man dem auf Seite 13 beschriebenen **Stadtspaziergang** folgt, der am nördlichen Ende der **O'Connell Street** beginnt und im Ausgehviertel **Temple Bar** ⓫ endet. Hier sei ein Bummel durch die Gassen und schließlich ein Besuch in einem der Cafés oder Restaurants empfohlen. Sollte man an einem Samstag in der Stadt sein, kann man stattdessen auch einen Happen auf dem **Temple Bar Food Market** (s. S. 85) am Meeting House Square zu sich nehmen. So gestärkt lohnt auf jeden Fall eine Führung durch **Christ Church Cathedral** ⓯ oder **St Patrick's Cathedral** ⓱ und für Geschichtsinteressierte ein Besuch im Museum **Dublinia** ⓰. Wenn man Lust und Zeit hat, kann man von hier aus auch gut einen Abstecher in Irlands älteste öffentliche Bibliothek, die **Marsh's Library** ⓲, machen und schließlich sollte man Dublin nicht verlassen, ohne die alte Universitätsbibliothek im **Trinity College** ❽ und das **Book of Kells** (s. S. 23), die wunderschöne Handschrift aus dem 8. Jh., gesehen zu haben.

Den Abend kann man am besten in einem der vielen **Pubs** (s. S. 76) bei einer traditionellen irischen Musiksession ausklingen lassen.

079du ©somethingirish, stock.adobe.com

Kurztrip nach Dublin

1. Tag

Den ersten Tag in Dublin beginnt man am besten mit dem auf Seite 13 beschriebenen **Stadtspaziergang**, um ein Gefühl für die Atmosphäre der Stadt zu bekommen. Zum Mittagessen kann man sich entweder ein nettes Restaurant in **Temple Bar** (11) suchen oder das hervorragende **Silk Road Café** (s. S. 74) in der **Chester Beatty Library** (14) ausprobieren. Hier kann man bei Interesse auch die Ausstellung in der Bibliothek besuchen.

Danach sollte man sich südlich des Flusses Liffey auf den ältesten Teil der Stadt rund um **Dublin Castle** (13) konzentrieren und vielleicht mit einem Besuch im Museum **Dublinia** (16) und in der **Christ Church Cathedral** (15) beginnen. Hier bekommt man einen guten Einblick in die Geschichte der Stadt, kann in die Krypta der Kathedrale hinabsteigen und durch die interessante Ausstellung schlendern und schließlich die Aussicht von St Michael's Tower über die Stadt genießen. Danach geht es zur **St Patrick's Cathedral** (17), in der man unter anderem die Grabinschrift des Autors Jonathan Swift bestaunen kann.

Wer jetzt noch Energie hat, kann – je nach Interessenlage – einen Besuch im **Guinness Storehouse** (19) bzw. in einer der Whiskey-Brennereien des Viertels (Teeling, s. S. 65, oder The Dublin Liberties Distillery, s. S. 65) folgen lassen. Wen das weniger interessiert, der kann über den **Liberty Market** (s. S. 85) bummeln oder einen Abstecher zur **Marsh's Library** (18) machen.

Am Abend ist ein Besuch in einem der vielen Pubs mit traditioneller Livemusik, z. B. **O'Donoghue's** (s. S. 77), sehr zu empfehlen.

004du-kf

2. Tag

Diesen Tag kann man ganz im Südosten der Innenstadt mit einer Mischung aus Museumsbesuchen, Entspannen in Parks und Einkaufen verbringen. Den Anfang kann man mit einer Führung über den Campus des ehrwürdigen **Trinity College** (8) und einem anschließenden Besuch in dessen wunderschönen alten Bibliothek machen, wo man das **Book of Kells** und die **historische Harfe**, die die Inspiration für das Instrument im Wappen Irlands war, sehen kann.

‹ In Dublins Fußgängerzonen lässt es sich gut bummeln

› In der O'Connell Street sind viele Statuen zu finden – hier die von Sir John Gray (s. S. 38)

Nun hat man eine große Auswahl an verschiedenen Museen, die sich alle in Laufweite von hier befinden. Besonders zu empfehlen ist das **Little Museum of Dublin** 2 oder eine der Abteilungen des irischen **Nationalmuseums** (Archaeology 3 oder Natural History 4). Für Kunst- oder Literaturinteressierte gibt es außerdem noch die hervorragende **National Gallery** 7 und das **Museum of Literature in Ireland** (s. S. 62).

Für das **Mittagessen** bietet sich bei schönem Wetter ein Picknick im **St Stephen's Green** 1 an – es gibt viele kleine Cafés oder Imbisse, wo man ein Sandwich oder eine kleine Mahlzeit zum Mitnehmen kaufen kann. Bei Regen gibt es natürlich genug Auswahl an Cafés und Restaurants in der Nähe.

Den Rest des Nachmittags kann man mit einem **Einkaufsbummel** in und um die **Grafton Street** verbringen, wo man durch die engen Gassen schlendern und das eine oder andere Mitbringsel erstehen kann.

Den Abend kann man mit einem **Theater- oder Konzertbesuch** (s. S. 80) oder im Programmkino des Irish Film Institute (s. S. 80) in Temple Bar ausklingen lassen.

3. Tag

Der dritte Tag ist ganz den Stadtvierteln nördlich des Flusses gewidmet. Das **Frühstück** kann man in einem Café in den Docklands (ein Teil davon liegt allerdings noch südlich des Liffey) zu sich nehmen, zum Beispiel im **Herbstreet** (s. S. 73), und ein wenig im Viertel umherflanieren, um die interessante moderne Architektur zu sehen. Dann geht es weiter zum **Jeanie Johnston Tall Ship and Famine Museum** 31, dem Nachbau eines

005du-kf

Auswandererschiffs aus dem 19. Jh., und zum **EPIC – The Irish Emigration Museum** 30. Man sollte sich unbedingt ein paar Stunden Zeit für diese beiden Museen, die der irischen Auswanderungsgeschichte gewidmet sind, nehmen. Von hier sind es nur ein paar Minuten bis zur **O'Connell Street.** Westlich davon finden sich viele kleine Geschäfte, Cafés und Restaurants, in denen man gut zur Mittagspause einkehren kann.

Nachmittags geht es weiter nach Smithfield in die **Jameson Distillery Bow Street** 27. Bei einer Führung erfährt man viel über die Whiskey-Herstellung und kann das berühmte Getränk natürlich auch probieren. Wenn man dann noch Lust hat, bietet sich ein Besuch im **Phoenix Park** 37 an oder man wechselt auf die andere Flussseite und macht die spannende Führung im im ehemaligen Gefängnis **Kilmainham Gaol** 39 mit.

Abends kann man in die Kleinkunstszene der Stadt eintauchen und z. B. in der **Laughter Lounge** (s. S. 80) eine Comedy-Veranstaltung besuchen.

Das gibt es nur in Dublin

- **Trinity College Library:** In der wunderschönen Bibliothek des Trinity College 8 befinden sich zwei Schätze, die es nur in Dublin zu sehen gibt. Der eine ist eine hölzerne **Harfe** aus dem 15. Jh., die die Vorlage für die Harfe im irischen Wappen war und die älteste ihrer Art in Irland ist. Außerdem wird hier das **Book of Kells** aufbewahrt. Diese kunstvoll verzierte mittelalterliche Handschrift ist weltweit bekannt und man sollte sie bei einem Dublin-Besuch auf keinen Fall verpassen.
- **The Spire** 20: Diese knapp 121 m hohe Stahlnadel steht in der O'Connell Street an der Stelle, an der bis 1966 eine Statue von Admiral Nelson stand, die jedoch von der IRA bei einem Anschlag gesprengt wurde. Als die neue Skulptur 2003 mit drei Jahren Verspätung errichtet wurde, war sie stark umstritten, da einige Leute fanden, dass sie keinen Bezug zur Stadt hätte. Heute haben sich die meisten Dubliner aber an die Nadel gewöhnt und ihr zahlreiche Spitznamen gegeben, z. B. „The Stiletto in the Ghetto" („Der Stöckelabsatz im Ghetto"). Weithin sichtbar, ist sie auf jeden Fall ein guter Orientierungspunkt.
- **Mumifizierte Katze und Ratte in der Christ Church Cathedral** 15: Der Legende nach verfolgte die Katze die Ratte bis in eine der großen Orgelpfeifen in der Kathedrale. Beide blieben stecken und mumifizierten, bevor sie dort im 19. Jh. gefunden wurden. Mittlerweile sind beide hinter Glas in einer Ausstellungsvitrine zu sehen und die Verfolgungsjagd ist auf ewig festgehalten.
- **The Hungry Tree** („Der hungrige Baum"): Im King's Inns Park [G5], nicht weit von der Jameson Distillery 27, gibt es eine alte Parkbank, die mittlerweile fast von einer 120 Jahre alten Platane „verschlungen" wurde. Ein interessantes Fotomotiv und ein guter Platz für eine kleine Pause.

Der berühmte Long Room der Old Library des Trinity College 8

006du @Jelle van der Wolf, stock.adobe.com

Stadtspaziergang

Um einen ersten Eindruck von der irischen Hauptstadt zu bekommen, bietet sich ein Spaziergang von Nord nach Süd durch die Innenstadt an, für den man sich mindestens drei Stunden Zeit lassen sollte. Er führt vom nördlichen Ende der O'Connell Street über die modernen Docklands und dann südlich des Flusses in das Herzstück des georgianischen Dublins, weiter über das Universitätsgelände durch belebte Einkaufsstraßen und zu den beiden großen Kathedralen der Stadt. Das Ende befindet sich schließlich im Ausgehviertel Temple Bar.

Routenverlauf im Stadtplan
Der hier beschriebene Spaziergang ist mit einer farbigen Linie im Stadtplan eingezeichnet.

Ausgangspunkt ist die **Statue von Charles Stuart Parnell** am nördlichen Ende der O'Connell Street [I5]. In dieser Straße spiegelt sich die Geschichte des Landes in Denkmälern wider (s. S. 38) und man kann von hier aus schon die 121 m hohe Stahlnadel der **Spire** 20 sehen, die 2003 am ehemaligen Standort des Nelson Monument errichtet wurde und ein hervorragender Orientierungspunkt in der Stadt ist. Gleich rechts befindet sich das **General Post Office** 21, ein wichtiger Schauplatz des Osteraufstands von 1916 (s. S. 101). Geht man weiter in Richtung Fluss, stößt man auf weitere Statuen wichtiger Iren, bis man schließlich am Ende bei der des Namensgebers der Straße, **Daniel O'Connell**, landet.

Es geht jetzt links am Flussufer des Liffey entlang vorbei am **Custom House** 28 mit seiner hellen Säulenfassade. Etwas weiter kann man sich an der Uferpromenade zwischen den Figuren der Bronzeskulptur des **Famine Memorial** 29 bewegen, das an die große Hungersnot im 19. Jh. erinnert. Die Gesichter spiegeln die Verzweiflung der Menschen deutlich wider. Je weiter man das Ufer entlanggeht, desto mehr moderne Gebäude sind links und rechts des Flusses zu sehen. Das **Jeanie Johnston Tall Ship** 31 ist ein echter Kontrast dazu, denn wir sind mitten in den Docklands, dem regenerierten Stadtviertel rund um die alten Hafenanlagen der Stadt. Besonders beachtenswert sind das Gebäude des Museums **EPIC** 30 in einer ehemaligen Lagerhalle und das **National Convention Centre** 32 etwas weiter flussabwärts, ein Konferenzzentrum, bei dem die Glasfassade ein wenig aussieht, als hätte man eine Getränkedose schräg in die Hauswand eingebaut. Hier geht man jetzt rechts über die harfenähnliche, weiße **Samuel Beckett Bridge** 33 in den Teil der Docklands, der zu einem von Dublins Ausgehvierteln geworden ist.

Von der Brücke hat man in alle Richtungen einen interessanten Ausblick auf die Stadt. Schaut man nach Westen, hat man eine gute Aussicht auf das „alte Dublin" mit seinen viele Brücken und der leuchtend grünen Kuppel des Custom House. In östlicher Richtung kann man an der anderen Uferseite die **historische Diving Bell** 34 aus dem 19. Jh. erkennen, die dort auf Besichtigungen wartet. Dort angekommen, biegt man rechts in die Forbes Street ein und läuft bis zum **Grand Canal Square** [M7], an dem sich einige Gebäude mit interessanten architektonischen Details befinden, so fallen z. B. das Schachbrett-

007du-kf

muster an der Fassade des **Marker Hotel** (s. S. 71) und die diagonale Glasfassade des **Bord Gáis Energy Theatre** 35 auf. Letzteres beherbergt mit 2111 Sitzen das größte Theater Irlands und wurde vom berühmten Architekten **Daniel Libeskind** entworfen, zu dessen Werken unter anderem auch das Jüdische Museum in Berlin gehört. Wenn man jetzt eine kleine Pause einlegen möchte, bietet sich der Grand Canal Square mit seinen vielen Cafés und Restaurants gut dafür an.

Weiter geht es zunächst am Kanalbecken entlang und dann rechts in die Straße Mount Street Lower bis zum **Merrion Square** [K8]. Die Atmosphäre ist nun deutlich traditioneller und das georgianische Gebäudeensemble um diesen Park ist in seiner Gesamtheit eines der besterhaltenen auf den Britischen Inseln. Die Fassaden sind mit Absicht recht einheitlich, aber durch die Gestaltung der Haustüren konnte man etwas Individualität ausdrücken. An der nordwestlichen Ecke des Merrion Square findet man das **Geburtshaus des Schriftstellers Oscar Wilde,** das mit einer blauen Plakette gekennzeichnet ist.

Man folgt nun der Upper Merrion Street, vorbei am Parlament im **Leinster House** 5 und dem **Naturhistorischen Museum** 4, und geht nach rechts durch die Merrion Row bis zur grünen Oase **St Stephen's Green** 1. Hier kann man noch einmal eine kurze Pause einlegen und die vielen Skulpturen im Park betrachten. Vom nordwestlichen Ende des Parks kann man durch die Fußgängerzone von Dublins Haupteinkaufsstraße, der **Grafton Street**, bummeln und gelangt zum **Trinity College** 8, Irlands erster und bedeutendster Universität, wo man sich u. a. die im 8. Jh. entstandene Handschrift **Book of Kells** ansehen kann. Gegenüber der Uni, wo sich heute eine Filiale der **Bank of Ireland** 9 befindet, war bis zur formellen Vereinigung Großbritanniens und Irlands im Jahr 1800 das **Parlament des Königreichs Irland** beheimatet.

Geschäftiges Treiben in und um die Grafton Street [I7]

Die Statue der aus einem Volkslied bekannten Molly Malone 10

Biegt man nach links in die Church Lane [I7] ein, kommt man an der berühmten **Molly-Malone-Statue** 10 vorbei. Der St Andrew's Street und der Williams Street folgend, geht man durch nette enge Gassen mit vielen Geschäften und kleinen Restaurants vorbei am **Powerscourt Centre** (s. S. 84) bis zu einer Gabelung, an der man scharf nach rechts in die Lower Stephen Street [I7] einbiegt. Nun folgt man dem Straßenverlauf bis zur anglikanischen **St Patrick's Cathedral** 17, Irlands größter Kirche. Nur ein paar Hundert Meter nördlich davon erreicht man Dublins zweite große Kathedrale, **Christ Church Cathedral** 15. Hier befindet sich auch das Museum **Dublinia** 16, das die Geschichte der Stadt zur Wikingerzeit und im Mittelalter zum Thema hat. Dort ist man auch am westlichen Ende des Ausgehviertels Temple Bar 11 angekommen, wo man unzählige Restaurants und Pubs findet, um den Spaziergang mit einem Mittagessen oder Kneipenbesuch ausklingen zu lassen.

Südlich des Liffey

Die Gegend südlich des Flusses ist das pulsierende Herz der Stadt. Außer **Temple Bar**, dem Ausgehviertel, findet man hier auch die **Grafton Street** [I7], neben der **Henry Street** [I5] Dublins wichtigste Einkaufsstraße. Sie existiert seit 1708 und war zunächst von Wohnhäusern dominiert, was sich mit dem Bau der heute O'Connell Bridge genannten Brücke 1798 änderte. Seit 1983 ist die Grafton Street eine Fußgängerzone. Sie verbindet das College Green an ihrem nördlichen mit dem Park **St Stephen's Green** 1 an ihrem südlichen Ende. Um diesen Park herum, aber auch um den **Fitzwilliam Square** und den **Merrion Square** findet man heute noch viele original erhaltene georgianische Häuser. Als georgianisch wird jene Periode der irischen und britischen Geschichte bezeichnet, in der zwischen 1714 und 1820 vier Könige namens George in London auf dem Thron saßen. Architekto-

008du-kf

nisch zeichnen sich die Gebäude der Zeit durch klare symmetrische Gliederung aus. Vorher gab es in Dublin schmale, verwinkelte Gassen, aber im 18. Jh. wichen sie vielerorts breiten Straßen und zahlreichen Plätzen, die von imposanten, aber gleichförmigen Häusern umgeben waren.

Die sich etwas weiter westlich befindenden **Liberties** (Liberty = Freiheit, Unabhängigkeit) lagen im Mittelalter außerhalb der Stadtmauern und waren selbstverwaltet. Mitte des 17. Jahrhunderts kam die Gegend durch die Immigration von französischen Hugenotten zu Reichtum, da diese die Leinen- und Seidenweberei einführten. Die guten Zeiten hatten ein Ende, als Großbritannien im 18. Jh. hohe Einfuhrzölle auf irische Produkte erhob. Heute sind die Liberties eine der Gegenden mit den meisten sozialen Problemen in Dublin. Restaurants und Unterkünfte gibt es nur wenige, dafür befindet sich hier das berühmte Lagerhaus der **Guinness-Brauerei** mit seinem Besucherzentrum 19, eine der Topsehenswürdigkeiten der Stadt.

1 St Stephen's Green ★★★ [J8]

Der Park St Stephen's Green liegt im Zentrum der Stadt am Ende der Haupteinkaufsstraße Grafton Street und lädt zu einer Pause ein. Benannt nach einem Spital für Leprakranke, das sich im Mittelalter hier in der Umgebung befand, wurde nach der Trockenlegung des teils sumpfigen Areals vor den Toren der Stadt im 17. Jh. ein Park eröffnet, der aber ab 1818 nur noch für Anwohner gegen eine jährliche Gebühr zugänglich war. Sir Arthur Edward Guinness (Lord Ardilaun), der Enkelsohn des Gründers der bekannten Brauerei, setzte sich dafür ein, dass der Park 1880 wieder öffentlich wurde und finanzierte auch die gärtnerische Neugestaltung, weshalb ihm hier ein eigenes Denkmal gewidmet ist. Der Park ist weitgehend so belassen, wie er im 19. Jh. gestaltet wurde.

Der gegenüber der Grafton Street stehende Torbogen **Fusiliers' Arch** ist eines der wenigen erhaltenen

009du ©gokturk_06, stock.adobe.com

Monumente aus der Zeit des British Empire. Er entstand 1907 zu Ehren der Royal Dublin Fusiliers, die im Burenkrieg Ende des 19. Jh. in der britischen Armee in Südafrika gedient hatten.

Während des Osteraufstands von 1916 (s. S. 101) wurde der Park von Rebellen besetzt und es gab eines der brutalsten Gefechte zwischen der britischen Armee und den Aufständischen. Seit dem Jubiläumsjahr 2016 befindet sich im Park eine Ausstellung. Auf im Park verteilten Stellwänden mit Bildern und Texten auf Irisch und Englisch werden die Ereignisse der „Schlacht um St. Stephen's Green" erzählt.

Die zahlreichen **Statuen** und **Monumente** im Park stellen meist historische Persönlichkeiten des Widerstands gegen die Briten und irische Künstler dar. Unter www.ststephensgreenpark.ie kann man sich eine Karte mit Fotos und Kurzbeschreibungen aller Monumente in englischer und irischer Sprache (Menü: Learn more/Cultural Heritage) und einen Audioguide in englischer Sprache (Menü: Learn more/Audioguide) herunterladen. Interessant ist der **Nornenbrunnen** („The Three Fates") des deutschen Bildhauers Josef Wackerle. Er stellt die drei Nornen der nordischen, also vorchristlich-skandinavischen Mythologie dar. Im Informationsmaterial des Parks werden sie als die drei ihnen sehr ähnlichen Moiren der griechischen Sagenwelt identifiziert. In beiden Mythologien spinnen die drei Schicksalsbringerinnen den Lebensfaden eines Menschen. Der Brunnen wurde 1956 von der deutschen Regierung als Geschenk an Irland für die Operation Shamrock übergeben. In deren Rahmen wurden über 1000 im Zweiten Weltkrieg zu Weisen gewordene Kinder, meist aus Deutschland, vorübergehend in irischen Familien aufgenommen. Anlässlich eines Besuchs des Bundespräsidenten Roman Herzog im Jahr 1997 ergänzte man den Brunnen durch einen Text auf Deutsch, Irisch und Englisch.

Im Park befinden sich auch ein **Kinderspielplatz**, ein **Teich** und ein **Blindengarten**, in dem es Tafeln mit Brailleschrift und Pflanzen, die man berühren kann, gibt. Außerdem kann man auf der Website des Parks einen kostenlosen **Audioguide** (auf Englisch) herunterladen, der die Geschichte des und Geschichten über den Park beinhaltet.

› St Stephen's Green, D02 DX88, www.ststephensgreenpark.ie, geöffnet: Mo.–Fr. ab 7.30 Uhr, So. ab 9.30 Uhr, jeweils bis Sonnenuntergang

St Stephen's Green aus der Vogelperspektive

2 Little Museum of Dublin ★★★ [J8]

In diesem Stadthaus befindet sich seit 2011 ein ungewöhnliches Museum, das auf äußerst unkonventionelle Weise die Stadtgeschichte präsentiert und zudem die Möglichkeit bietet, eines der georgianischen Häuser von innen zu sehen.

Im Haus Nummer 15 gegenüber dem Park St Stephen's Green wird anhand von gespendeten Gegenständen und Fotos auf drei Stockwerken die **Alltagsgeschichte Dublins** thematisiert. Diese sind in üppig, im Stil verschiedener Epochen eingerichteten Zimmern zu sehen. In einer sehr unterhaltsamen Führung bekommt man einen Einblick in das Leben der Dubliner vom 17. Jahrhundert bis in die jüngere Vergangenheit. Es fühlt sich fast so an, als sei man zu Besuch, und man kann sich, wenn einem niemand zuvorkommt, auch in die Sessel oder auf das Sofa setzen und den persönlichen Geschichten, die hinter vielen Ausstellungsstücken stecken, lauschen. Die Teilnehmer sind aber auch aufgefordert, selbst etwas beizutragen, was vor allem dann interessant ist, wenn es sich um ältere Dubliner handelt.

Eine der Dauerausstellungen thematisiert die für viele wohl berühmtesten Söhne der Stadt, die Band **U2** (s. S. 107). Die Band-Mitglieder Bono und The Edge haben die Ausstellung übrigens selbst besucht und sich im Gästebuch verewigt. Im Erdgeschoss gibt es wechselnde Sonderausstellungen zu **sozial- und kulturgeschichtlichen Themen.**

Das Museum stellt im Rahmen von „City of a Thousand Welcomes" auch Kontakte zwischen Touristen und Dublinern („ehrenamtliche Botschafter") her, die gern (kostenlos) ihre Stadt vorstellen. Mehr Informationen finden sich auf der Website des Museums.

› 15 St Stephen's Green, D02 Y066, Tel. 01 6611000, www.littlemuseum.ie, tägl. 9–17 Uhr, Eintritt (nur mit Führung, Vorbuchung dringend empfohlen): Erw. 15 €, erm./Kinder 13 €, Familien 35 €

3 National Museum of Ireland – Archaeology ★★★ [J8]

Das Nationale Archäologiemuseum ist seit 1890 in einem eigens dafür gebauten Gebäude im viktorianisch-palladianischen Stil beheimatet. Architektonisch erinnert vieles an die Antike, so etwa die Mosaikböden mit Motiven aus dem alten Griechenland und Rom. Zu sehen ist vorwiegend das archäologische Erbe Irlands von der Steinzeit bis zum Spätmittelalter.

Im Museum gibt es neben spannenden Sonderausstellungen sehr interessante Dauerausstellungen, in denen sich historisch Interessierte gut mehrere Tage aufhalten können. So kann man sich in drei Bereichen über **das prähistorische Irland, das Irland der Wikinger** und **Irland im Mittelalter** informieren oder in der **Schatzkammer** („Treasury") herausragende Funde von internationaler Bedeutung bewundern.

010du ©Anton Ivanov Photo, stock.adobe.com

In der Ausstellung **„Ór“** (Irisch-Gälisch für „Gold“) geht es um bronzezeitliche Gegenstände aus Gold. Es gibt auch eine Ausstellung, in der vier **Moorleichen** zu sehen sind, die in Irland gefunden wurden (**„Kingship and Sacrifice“** – „Königtum und Menschenopfer“). Sie werden als Menschenopfer der Eisenzeit gedeutet, was im Kontext der umfangreichen forensischen Forschung in Irland und auf dem europäischen Kontinent erklärt wird. Eine Ausstellung über das alte **Ägypten** und Keramik sowie Glas aus dem alten **Zypern** runden den Museumsbesuch ab.

› Kildare Street, D02 F627, Tel. 01 6777444, www.museum.ie/Archaeology, geöffnet: So., Mo. 13–17 Uhr, Di.–Sa. 10–17 Uhr (Juli–Okt. Do. bis 20 Uhr), Eintritt: frei

4 National Museum of Ireland – Natural History ★★★ [K8]

Das Naturkundliche Museum hat sich seit seiner Eröffnung 1856 kaum verändert und wird deshalb auch gern als „Museumsmuseum“ („museum of a museum“) bezeichnet. Es eignet sich darum auch gut als Filmkulisse und kommt zum Beispiel in den Serien „Ripper Street“ und „Penny Dreadful“ vor, die beide im England des 19. Jh. spielen.

Der Besuch ist in erster Linie ein visuelles Erlebnis. Erklärende Texte gibt es nur wenige und das Museum ist dicht gefüllt mit **ausgestopften Tieren** und **Skeletten.** Die Vielzahl der Gattungen zeugt vom weltumfassenden British Empire und der Sammelleidenschaft der jungen Wissenschaften des 19. Jh.

Im Erdgeschoss befinden sich Tiere aus Irland, die teils ausgestorben sind, wie die **irischen Riesenhirsche,** die vor 10.000 Jahren gelebt haben. Im 1. Stock werden Tiere aus aller Welt ausgestellt, wie das Skelett eines 20 m langen **Finnwals,** der von der Decke hängt. Er wurde vor über 200 Jahren an den Strand der Bucht von Bantry in der Grafschaft Cork geschwemmt. Das Museum hat auch das Skelett eines **Dodos,** der flugunfähigen Vogelart von der Insel Mauritius, die im 17. Jh. ausstarb. Leider ist dieser aber in einer Galerie des Museums, die seit 2007 wegen fehlender Notausgänge für die Öffentlichkeit nicht dauerhaft zugänglich ist.

› Merrion Square West, D02 F627, Tel. 01 6777444, www.museum.ie/Natural-History, geöffnet: So., Mo. 13–17 Uhr, Di.–Sa. 10–17 Uhr (Juli–Okt. Do. bis 20 Uhr), Eintritt: frei

‹ Eine Innenansicht des National Museum of Ireland – Archeology

5 Leinster House – Parlament der Republik Irland ★ [J8]

Das Parlament Irlands trägt den irisch-gälischen Namen Oireachtas („Zusammenkunft“) und befindet sich in einem Herrenhaus aus dem 18. Jh.

Als Irland 1922 seine **Unabhängigkeit** erlangte, brauchte man ein Parlament. Da das Parlamentsgebäude des früheren Königreichs Irland seit über einhundert Jahren im Besitz der Bank of Ireland 9 war, fiel die Wahl zunächst auf das Royal Kilmainham Hospital, ein Pflegeheim für Soldaten der britischen Armee, in dem sich heute das Irish Museum of Modern Art 38 befindet. Da es nicht schnell genug geräumt werden konnte, wurde aber erst einmal das **Leinster House** gemietet, das sich im Besitz der philanthropischen Royal Dublin Society befand. Erbaut wurde es zwischen 1745 und 1748 für **James Fitzgerald**, den Earl of Kildare. Seinen heutigen Namen erhielt das Gebäude, das übrigens eine der wesentlichen Vorlagen für das Ende des 18. Jh. erbaute Weiße Haus in der amerikanischen Hauptstadt Washington war, als Fitzgerald 1766 der Adelstitel Duke of Leinster verliehen wurde.

Bald war klar, dass der Umbau des Royal Kilmainham Hospital für den jungen irischen Staat zu kostspielig wäre und so kaufte man schließlich das im georgianischen Stil errichtete Herrenhaus. In den ersten Jahrzehnten dachte man noch an einen Umzug der beiden Kammern der Oireachtas, aber mittlerweile ist der Name Leinster House zu einem Synonym für das irische Parlament geworden.

Das politische System Irlands

Irland ist eine **parlamentarische Demokratie** mit einem Zweikammersystem nach britischem Vorbild. Das **Parlament** trägt den irischen Namen „Oireachtas" (ausgesprochen „ojrachtess") und befindet sich im Leinster House 5. Das Zentrum der Macht ist der **Dáil** (ausgesprochen: „dojl"), das irische Äquivalent zum britischen Unterhaus. Der Regierungschef ist der **Taoiseach** (ausgesprochen „tiischach"), der von den Abgeordneten im Dáil gewählt wird und normalerweise der Vorsitzende der stärksten Partei ist. Der **Senat** („Seanad", ausgesprochen „schännedd") hat vor allem beratende Funktion und muss Gesetze zusammen mit dem Dáil genehmigen. Er kann aber auch Beschlüsse des Dáil verzögern, um eine intensivere Beschäftigung mit einer Fragestellung zu erzwingen. Elf der 60 Senatoren werden vom Taoiseach direkt nominiert, wodurch die der Regierung wohlgesonnenen Mitglieder dieser Kammer überwiegen. Weitere Senatoren werden von den Alumni bestimmter älterer irischer Universitäten gewählt, die Mehrheit aber von Abgeordneten des Dáils, ausscheidenden Senatoren sowie Vertretern kommunaler Verwaltungen.

Der **Präsident** Irlands ist das Staatsoberhaupt. Er hat repräsentative Aufgaben und wird für sieben Jahre direkt gewählt. Der Präsidentensitz befindet sich im Phoenix Park 37 und kann besichtigt werden. Die ursprünglich größten **Parteien** haben ihren Ursprung im Irischen Bürgerkrieg (s. S. 102). Die traditionell erfolgreichste Partei ist **Fianna Fáil,** die am ehesten mit der CSU zu vergleichen ist. Ihre historische Hauptgegnerin ist Fine Gael, deren politisches Programm sich teils mit dem der CDU und dem der FDP überschneidet.

Die bis vor kurzem dritte große Partei Irlands war Labour (vergleichbar mit der SPD), aber in den letzten Jahren ist sie von der Partei **Sinn Féin** aus dieser Position verdrängt worden, die vor dem Waffenstillstand in Nordirland als politischer Arm der IRA galt und hinsichtlich der Sitze im Dáil mittlerweile mit der stärksten Partei Fianna Fáil gleichauf liegt. Sinn Féin ist auch die zurzeit stärkste Partei in Nordirland und erkennt die Zugehörigkeit des Nordostens der Insel zu Großbritannien nur bedingt an. Ansonsten gleicht Sinn Féin aber am ehesten der deutschen Partei Die Linke, mit der sie im Europäischen Parlament in der gleichen Fraktion sitzt. Ebenfalls inselweit organisiert ist die derzeit an der Regierung beteiligte **Green Party.**

Vor dem Gebäude, auf der Seite zur Kildare Street, stand ab 1908 eine Statue der britischen **Königin Victoria**, die aber nach der Erklärung der Republik im Jahr 1948 eingelagert und 1987 als Dauerleihgabe nach Australien gegeben wurde. Heute steht sie in Sydney. Eine Statue von Victorias Mann, dem aus Deutschland stammenden **Prinz Albert** (1819–1861), ist aber nach wie vor auf der anderen Seite des Gebäudes an der Merrion Street zu sehen.

Im imposanten Inneren des Gebäudes hängen zahlreiche Gemälde, z. B. von ehemaligen Staatsoberhäuptern Irlands, die Oster-Proklamation, die Patrick Pearse beim Aufstand 1916 verlas, und die Fahne eines irischen Regiments der Nordstaatenarmee im Amerikanischen Bürgerkrieg, die Präsident Kennedy 1963 bei einem Staatsbesuch als Geschenk mitbrachte und die vor allem bei Besuchern aus den USA auf großes Interesse stößt. Leider ist das Gebäude **nicht mehr für die Öffentlichkeit zugänglich** und man kann nur eine Tour machen, wenn man von einem Parlamentsmitglied eingeladen wurde. Wer möchte, kann die Räumlichkeiten aber im Rahmen einer virtuellen 3D-Tour auf der Website erkunden.

› Kildare Street, D02 XR20, www.oireachtas.ie/en/visit-and-learn/visit-the-oireachtas/virtual-tour

6 National Library of Ireland ★★ [J7]

Das prächtige Gebäude der Nationalbibliothek ähnelt wie das nahegelegene Archäologiemuseum 3 einem antiken Tempel. Beide Bauwerke stammen vom Architekten Sir Thomas Newenham Deane. Außer wegen der Architektur lohnt ein Besuch sich auch wegen der Dauerausstellung über das Leben und Werk des Schriftstellers William Butler Yeats (1865–1939) und der Sonderausstellungen, die hier regelmäßig zu sehen sind. Für eine Pause bietet sich das Café Joly an.

Die 1877 gegründete und seit 1890 hier beheimatete National Library ist eine **Präsenzbibliothek**, die das Leben in Irland dokumentiert. Im **Foyer** fallen der prächtige Mosaikboden und die 12 Bleiglasfenster auf. Sehenswert ist der gewölbte Lesesaal (**Reading Room**), der sich seit Beginn des 20. Jahrhunderts nur wenig verändert hat. Sogar die eisernen Regenschirmständer sind noch da, obwohl man heutzutage keine Regenschirme mehr mitbringen darf. In der **Ausstellung zu William Butler Yeats** sind Notizbücher, Manuskripte und Gegenstände zu sehen, die dem Schriftsteller gehörten. Mit Kopfhörern und auf Bildschirmen gibt es ergänzende audiovisuelle Materialien, u. a. von Prominenten wie Seamus Heaney und Sinéad O'Connor vorgetragene Gedichte von Yeats.

› Kildare Street, D02 P638, www.nli.ie, geöffnet: Yeats-Ausstellung Mo., Do.–So. 9.30–17, Di., Mi. 9.30–19 Uhr. In die Leseräume der Hauptbibliothek kommt man nur mit einem sogenannten Reader's Ticket, das kostenlos ist, aber vor dem Besuch online beantragt werden muss.

7 National Gallery of Ireland ★★★ [K7]

Gemälde aller wichtigen europäischen Schulen seit dem 14. Jh. werden hier ausgestellt, wobei der Schwerpunkt auf Werken irischer Künstler liegt.

1864 eröffnete die Nationalgalerie ihre Tore erstmals mit einer bescheidenen Sammlung von 125 Bildern. Mittlerweile ist der Bestand auf **über 13.000 Kunstwerke** angestiegen, die in nach historischen, stilistischen, geografischen und thematischen Kriterien geordneten Ausstellungen zu bewundern sind. Ein Höhepunkt für viele Besucher ist der Yeats Room, in dem über 30 Werke des irischen Malers **Jack Butler Yeats** (1871–1957) zu sehen sind, der wegen seiner irischen Motive oft als „Nationalmaler" gesehen wird. Er ist der Bruder von William Butler Yeats (s. S. 21).

Wichtig für das internationale Ansehen der Nationalgalerie ist zweifellos das Gemälde **„Die Festnahme Christi"** („The Taking of Christ") des frühbarocken Malers **Michelangelo Merisi da Caravaggio,** das ab dem späten 18. Jh. als verschollen galt und in den frühen 1990er-Jahren vom Chefrestaurator der Nationalgalerie, Sergio Benedetti, im Speisesaal der Dubliner Jesuiten entdeckt wurde. Dorthin gelangte es scheinbar folgendermaßen: Die römische Familie Mattei, die das Bild Anfang des 17. Jh. in Auftrag gegeben hatte, hielt es in späteren Jahren für die Kopie eines anderen, verschollenen Gemäldes eines niederländischen Schülers von Caravaggio und verkaufte es 1802 nach Schottland, wo es bis in die 1920er-Jahre in Privatbesitz verblieb. Dann kaufte die irische Kinderärztin Marie Lea-Wilson das Bild und spendete es in den 1930er-Jahren den Jesuiten. Anfang der 1990er-Jahre baten diese den Chefrestaurator Benedetti, ihre Gemälde in Hinblick auf mögliche Restaurierungen in Augenschein zu nehmen. Er erkannte, dass es sich bei dem Gemälde im Speisesaal um das verschollene Bild Caravaggios handelte. Nun befindet es sich als Dauerleihgabe in der Nationalgalerie.

› Merrion Square West, D02 K303, www.nationalgallery.ie, geöffnet: Mo. 11–17.30, Di.–Sa. 9.15–17.30, Do. bis 20.30, So. 11–17.30 Uhr, Eintritt: frei

8 Trinity College ★★★ [J7]

Inmitten des geschäftigen Großstadtlebens befindet sich das Trinity College, die älteste und prestigereichste Universität des Landes.

Ursprünglich stand an dieser Stelle außerhalb der Stadtmauern des mittelalterlichen Dublin das **Augustinerkloster All Saints',** aber wie alle Klöster in England und Irland wurde es von König **Henry VIII.** in den 1530er-Jahren aufgelöst (s. S. 97). Um zu verhindern, dass junge Iren zum Studium in katholische Länder gingen, gründete seine Tochter **Elizabeth I.** 1592 die Dubliner Universität. Im Gegensatz zu ihren Vorbildern, den Universitäten von Oxford und Cambridge, besteht sie nur aus einem College, **Trinity,** und sollte nicht mit den neueren Hochschulen Dublin City University und University College Dublin verwechselt werden.

Katholiken war es ab 1637, als man ihre Loyalität zum protestantischen König in London in Frage stellte, zunächst von staatlicher Seite untersagt, hier zu studieren. Als sie 1793 wieder zugelassen wurden, verbot die katholische Kirche ihren Gläubigen das Studium am Trinity College. Erst 1970 wurde dieses Verbot aufgehoben. Ausgeschlossen vom Studium waren bis 1904 auch Frauen, aber heute sind Studentinnen in der Mehrzahl.

Vom **Haupteingang am College Green** tritt man durch ein Tor, an dessen Seiten Statuen des Schriftstellers Oliver Goldsmith und des Philosophen und Politikers Edmund Burke

Das Book of Kells

Das Book of Kells ist eine aufwendig illustrierte mittelalterliche Handschrift auf Vellum, einer Pergamentart, die aus der Haut von Kälbern besteht. Es entstand wohl um die Wende des 8. zum 9. Jahrhundert und enthält die vier Evangelien in lateinischer Sprache und ganzseitige Bilder von Christus, Maria mit Kind und den Evangelisten. Über die Entstehung des Buches gibt es zahlreiche Theorien. Sicher scheint, dass es aus der Feder von Mönchen stammt, die dem heiligen Columban von Iona folgten oder in seiner Tradition standen. Columban war ein irischer Mönch, der ein Kloster auf der vor Schottlands Westküste gelegenen Insel Iona gegründet hatte. Dort oder auch im Kloster von Kells in Irland, welches von Mönchen von Iona gegründet wurde, könnte die Handschrift entstanden sein.

1007, anlässlich seines Diebstahls aus dem Kloster von Kells, findet sich die erste schriftliche Erwähnung des Buches. Nach einigen Monate tauchte das Book of Kells wieder auf, allerdings ohne den kostbaren goldenen Einband. Das Kloster von Kells wurde im 12. Jahrhundert aufgelöst und zur Gemeindekirche. Dort verblieb das Manuskript jahrhundertelang, bis 1654 englische Soldaten in der Kirche einquartiert wurden. Zur sicheren Verwahrung schickte man das Manuskript nach Dublin, wo es 1661 in den Besitz des Trinity College (8) gelangte.

Seit dem 19. Jahrhundert stellt man das Book of Kells in der Alten Bibliothek aus. 1953 wurde es neu in vier Bände gebunden. Heute kann man in einer Vitrine je zwei geöffnete Bände bewundern, deren Seiten täglich gewechselt werden: Ein Band zeigt ein Bild, der andere eine typische Textseite.

Zur Einstimmung auf den Besuch kann man sich den irischen Animationsfilm **„The Secret of Kells“** („Das Geheimnis von Kells“) von 2009 ansehen, in dem eine sehenswerte Geschichte um die Entstehung des Buches von Kells gestrickt wird.

Ab 2025 wird die Alte Bibliothek allerdings aufgrund von Renovierungsarbeiten für voraussichtlich fünf Jahre geschlossen.

012du

Beeindruckende Buchkunst: eine Seite des Book of Kells

011du-kf

stehen. Im Inneren des vom städtischen Alltag abgeschirmten Campus sieht man den Glockenturm **Campanile** vor sich, der 1853 gebaut wurde. Gebäude aus der Gründungszeit der Universität stehen nicht mehr, die ältesten Teile der Universität stammen aus dem Jahr 1701.

Man kann den Campus selbstständig erkunden oder sich einer der von Studierenden geleiteten, etwa 60-minütigen **Führungen** („Trinity Trails") anschließen. Die eigentliche Hauptattraktion, die im frühen 18. Jahrhundert erbaute **Alte Bibliothek (Old Library)**, wird jedoch 2025 wegen dringender Renovierungsarbeiten für etwa fünf Jahre geschlossen. Die meisten Bücher, die den 65 Meter langen, eichengetäfelten **Long Room** im ersten Stock normalerweise bis oben füllen, wurden schon entfernt, um sie von Abgaspartikeln und den Haaren und Kleidungsfasern der jährlich eine Million Besucher zu reinigen. 2024 ist die Old Library inklusive Long Room aber trotzdem noch zu besichtigen. Derzeit ist dort **Gaia** zu bestaunen, eine beleuchtete Skulptur, die die Erde zeigt, wie man sie aus dem Weltall sieht. Das **Book of Kells** (s. S. 23) befindet sich noch im Erdgeschoss, soll aber auch zu sehen sein, wenn die Alte Bibliothek renoviert wird.

Neu ist der **Pavillion** außerhalb des Gebäudes, in dem sich unter anderem die multimediale, immersive Ausstellung Book of Kells 360 befindet.

› College Green, D02 PN40, www.visittrinity.ie, geöffnet: April–Sept. Mo.–Sa. 8.30–17, So. 9.30–17 Uhr, Okt.–März Mo.–Sa. 9.30–17, So. 12–16.30 Uhr, Zugang zum Campus frei. Campusführung („Trinity Trails"): Erwachsene (ab 16 Jahren) 16 €, Familien 50 €. Book of Kells Experience: Erwachsene 21,50 €, ermäßigt 17,50 €, Kinder 13–17 Jahre 16,50 €, Kinder 6–12 Jahre 12 €, Familien 54 €. Kombiticket Book of Kells Experience und Campustour: Erwachsene und Kinder ab 12 Jahre 31 €, Familien 75 €. Alle Tickets bucht man am besten im Voraus online.

Das Königreich Irland

Das Königreich Irland existierte von 1542 bis 1800, hatte ein eigenes Parlament und wurde vom englischen König regiert, der auch König Irlands war. Schon infolge der anglo-normannischen Eroberung der Insel im 12. Jahrhundert (s. S. 96) war der englische König zum Lehnsherrn der Fürsten Irlands geworden, was der Papst als legitim bestätigte. Als sich aber fast 400 Jahre später König Henry VIII. von der katholischen Kirche lossagte, weil der Papst ihm die Annullierung seiner Ehe nicht gewährte, musste der Anspruch des englischen Monarchen auf die Nachbarinsel neu legitimiert werden. Deshalb ließ sich Henry 1542 vom irischen Parlament zum König Irlands erklären. So wurde aus dem Herrschaftsgebiet Irland (engl. „Lordship of Ireland") das Königreich Irland. Wie in England entstand eine anglikanische Staatskirche (s. S. 34), aber anders als dort blieb die Mehrheit der Bevölkerung katholisch, weshalb englische Anglikaner ins Land geholt wurden, von denen viele bald die Oberschicht des Landes stellten.

Im 18. Jahrhundert fühlten sich Irlands Anglikaner zwar deutlich anders als die ihnen kulturell und sprachlich fremde katholische Mehrheit, aber sie betrachteten sich als Iren. Irland war ein Vasallenkönigreich Englands und später Großbritanniens und wegen des Mitspracherechts des Londoner Parlaments waren die Einflussmöglichkeiten des irischen Parlaments eingeschränkt, was vor allem in weiten Kreisen des anglikanischen Bürgertums auf Unmut stieß. Unter der Führung des Abgeordneten Henry Grattan konnte 1779 durchgesetzt werden, dass Irland mit den amerikanischen Kolonien Freihandel betreiben durfte und 1782 mehr Autonomie erhielt. Nach dem gescheiterten Aufstand der United Irishmen im Jahr 1798, die Irlands Katholiken und Protestanten gegen Großbritannien und das Dubliner Parlament vereinen wollten, wurde Irland 1801 dem fast hundert Jahre früher gegründeten Vereinigten Königreich von Großbritannien einverleibt und das irische Parlament abgeschafft. Die Fahne des Vereinigten Königreichs, der Union Jack, wurde um das irische Patrickskreuz (rot, diagonal verlaufend) ergänzt.

9 Ehemaliges Parlament des Königreichs Irland (Bank of Ireland) ★★ [I6]

Gegenüber des Trinity College 8 befindet sich in einem imposanten, palladianischen Gebäude aus dem 18. Jh. eine Filiale der Bank of Ireland. Ursprünglich war dies das Parlament des 1801 abgeschafften Königreichs Irland, dessen König der englische Monarch in London war.

Im späten 17. Jh. zog das Parlament in ein als Krankenhaus dienendes Stadthaus. Nach wenigen Jahrzehnten war es allerdings so marode, dass die Abgeordneten 1727 dem Bau eines neuen Parlaments zustimmten. Zwischen 1729 und 1739 entstand das erste speziell zu diesem Zweck gebaute **Zweikammerparlament** der Welt. Die **Abgeordneten** im Oberhaus (House of Lords) und im Unterhaus (House of Commons) ent-

◁ *Der Campus des Trinity College Dublin 8*

stammten der protestantischen und kulturell stark an England orientierten Oberschicht der Insel. Viele standen aber nichtsdestotrotz dem Einfluss Englands auf irische Angelegenheiten kritisch gegenüber.

Zu Ehren eines besonders einflussreichen irischen Politikers der zweiten Hälfte des 18. Jh., **Henry Grattan** (1746–1820), der mehr wirtschaftliche Autonomie für die Insel durchsetzen konnte, sprach man später auch von Grattans Parlament. Seine Statue steht seit 1876 vor dem Gebäude und blickt in Richtung Trinity College 8, wo er natürlich studiert hatte.

1801 wurde Irland in das **Vereinigte Königreich** integriert und das Königreich Irland aufgelöst. Das Parlamentsgebäude verkaufte man an die **Bank of Ireland**, deren Hauptsitz sich bis in die 1970er-Jahre hier befand. Das Unterhaus wurde in Büros und eine (durchaus sehenswerte) Schalterhalle umgebaut. Den Plenarsaal des Oberhauses benutzte man für Sitzungen und so blieb er mit seinen Kristallleuchtern, Wandteppichen und der Täflung aus irischer Eiche weitgehend unverändert. Er ist heute öffentlich zugänglich.

› 2 College Green, D02 VR66, geöffnet: Mo.–Fr. 10–16 Uhr, Eintritt: frei

10 Statue der Molly Malone ★ [I7]

Jeanne Rynharts 1988 aufgestellte Statue der Straßenhändlerin Molly Malone (s. Foto S. 15) stellt einen Charakter aus einem populären Dubliner Lied dar.

Als Dublin 1988 ein nicht wirklich historisch belegbares tausendjähriges Stadtjubiläum feierte, wurden historische Quellen präsentiert, denen zufolge eine **Mary Malone** (Molly ist eine Form des Namens Mary) am 13. Juni 1699 in Dublin starb. Es wurde erklärt, dass es sich bei dieser historisch verbürgten Mary Malone um die Frau aus dem Lied handelt und zu ihren Ehren weihte man am 13. Juni 1988 die Statue ein. Das Lied selbst wird gern als Volkslied mit langer Tradition gesehen, aber vermutlich war es eher ein Schlager aus dem 19. Jh. Die älteste Ausgabe des Textes stammt von 1883 und wurde in den USA publiziert. Gebräuchlich im 19. Jh. waren aber die im Lied benutzten Bezeichnungen „Dublin's fair city" und der Ruf der Straßenhändler, die Muscheln und Austern verkauften: „Alive, alive, oh!".

Die im Lied besungene Dame war, wie zuvor ihre Eltern, eine **Straßenhändlerin**, die auf einer Schubkarre Muscheln verkaufte, später an einem Fieber starb und seitdem in den Straßen Dublins spukt. Wohl im 20. Jh. neu hinzugekommen ist eine oft wiederholte Variante der Geschichte, der zufolge Molly Malone auch eine **Prostituierte** war. Dies scheint durch das weit ausgeschnittene Kleid der Statue unterstrichen zu werden. Diese Darstellungsweise wird alternativ auch dadurch erklärt, dass Frauen im 17. Jh. häufig ihre zahlreichen Kinder stillen mussten. Wer mit dem Smartphone den QR-Code an der Statue scannt, wird sie auf Englisch sagen hören: „Die Leute können mir manchmal etwas zu nahe treten – nicht meine Schuld, dass ich in diesem Kleid feststecke. Ich habe es bestimmt nicht gewählt." Die Statue stand ursprünglich am nördlichen Ende der Grafton Street und muss-

› Im Viertel Temple Bar gibt es auch einen gleichnamigen Pub

te Bauarbeiten für die Luas-Straßenbahn weichen. Nun steht sie vor der **St. Andrew's Church.**

Übrigens kann man auf Youtube von den Dubliners und Sinéad O'Connor gesungene Versionen dieses Liedes hören.

› Suffolk Street, D02 KX03

11 Temple Bar ★★★ [I6]

Temple Bar ist ein Kultur- und Ausgehviertel, das zu den Hauptattraktionen Dublins zählt. Benannt ist das Viertel wahrscheinlich nach der Familie Temple, die hier in den 1660er-Jahren außerhalb der ehemaligen Stadtmauer Land kaufte und ein Haus baute. Der Begriff „Bar" könnte auf eine Sandbank im Liffey verweisen. Damals floss hier nämlich, anders als heute, der Fluss Liffey.

Die **engen Straßen** geben einen Eindruck, wie Dublin vor der Stadtsanierung im späten 18. Jh. ausgesehen hat (s. S. 98). Im 20. Jh. war Temple Bar recht heruntergekommen, weshalb es einem großen Busbahnhof weichen sollte. Das Land und die Gebäude wurden zu diesem Zweck ab den 1960er-Jahren nach und nach von der staatlichen Transportgesellschaft aufgekauft, aber vorübergehend preiswert vermietet, was **zahlreiche Künstler** und auch **kleine Läden** anlockte. Temple Bar wurde dadurch wieder modern und als das Viertel in den 1980er-Jahren abgerissen werden sollte, kam es zu Protesten.

Die Regierung erkannte das Potenzial und sanierte Temple Bar in den frühen 1990er-Jahren. Ein neues **Kulturviertel** entstand, in dem sich zahlreiche kulturelle Einrichtungen wie das **Programmkino des Irish Film Institute** (s. S. 80) und das **Photo Museum Ireland** (s. S. 66) befinden. Außerdem gibt es in diesem lebendigen Viertel eine gute Auswahl an kleinen Coffeeshops, Restaurants und Pubs und abends wird Temple Bar zu einem **Ausgehviertel,** in dem es recht laut werden kann.

Wie überall in der Welt, wo Viertel dadurch populär werden, dass sich dort ursprünglich Künstler und kleine, alternative Geschäfte wegen der günstigen Mieten angesiedelt hatten, ist Temple Bar heute sehr kommerziell und manchmal von Touristen überlaufen. Nichtsdestotrotz lohnt sich ein Besuch nach wie vor, auch wenn man in den Pubs abends eher selten „echte" Dubliner trifft.

013du-kf

Irlands Nationalsprache: Irisch-Gälisch

Wer Dublin, oder Baile Átha Cliath, wie man es auch nennt, besucht, wird bei einem Blick auf die Straßenschilder schnell bemerken, dass in Irland neben Englisch eine weitere Sprache eine wichtige Rolle im öffentlichen Leben spielt: Irisch-Gälisch. Laut Verfassung ist das Irische, wie es meist genannt wird, die erste offizielle Sprache des Landes, während Englisch „als eine zweite offizielle Sprache anerkannt wird". Irisch war bis ins 19. Jh. die Sprache der Mehrheit der Iren. Nachdem aber im 16. Jh. das unter englischer Kontrolle stehende Königreich Irland gegründet und erstmals als Ganzes regiert wurde, entwickelte sich Englisch schnell zur Sprache der Oberschicht und der Verwaltung. In den folgenden Jahrhunderten setzte sich die englische Sprache vor allem an der Ostküste mehr und mehr auch in der Bevölkerung durch.

Dublin, eine ehemalige Wikingerstadt, die schon im 12. Jh. unter die direkte Kontrolle der englischen Krone gelangte, war wohl nie mehrheitlich irischsprachig, sieht man von Immigranten aus ländlichen Regionen ab, die ihre Sprache mitbrachten – und vergaßen. Doch gerade hier in Dublin entstand im 19. Jh. die Idee, dass Irland seine Sprache bewahren müsse, nicht zuletzt, um sich von England zu unterscheiden. Zu diesem Zweck entstand Conradh na Gaeilge, die Gaelic League. Die Organisation besteht bis heute und betreibt in Dublin u. a. eine Bar und einen Buchladen.

014du-kf

Als Irland 1922 die Unabhängigkeit erlangte, war eines der Ziele des jungen Staates, Irisch wieder zur ersten Landessprache zu machen. Dies misslang, denn die sprachliche Anglisierung des Landes war im 19. Jh. so weit vorangeschritten, dass sie nicht mehr rückgängig gemacht werden konnte: In den 1830er-Jahren war die Schulpflicht eingeführt worden, wobei sämtlicher Schulunterricht auf Englisch war. Zudem brach Ende der 1840er-Jahre eine Hungersnot aus, durch deren direkte Folgen und die durch sie verursachte Massenauswanderung die Zahl der Irischsprecher drastisch zurückging, weil sich die Sprache bis dahin vor allem in ärmeren und deshalb von der Hungersnot am stärksten betroffenen Regionen erhalten hatte.

Heute sieht sich Irland als zweisprachiges Land, wobei die irische Sprache vor allem ein wichtiges Kulturgut ist und symbolische Funktionen hat. Irisch ist ein Pflichtfach in der Schule, weshalb die meisten Iren zumindest ein paar Worte Irisch verstehen und sprechen können und eine grobe Ahnung haben, wie irische Wörter ausgesprochen werden müssen. In einigen voneinander isolierten ländlichen Regionen vor allem in Westen des Landes, der sogenannten Gaeltacht, wird Irisch auch heute noch als Muttersprache gesprochen. Die meisten Iren waren zumindest als Schüler schon einmal auf einem Sprachkurs in der Gaeltacht.

Einige große, traditionsreiche Parteien und politische Institutionen tragen ausschließlich irische Namen und alle öffentlichen Hinweisschilder sind zweisprachig – mit Ausnahme der Gaeltacht, wo sie rein irischsprachig sind.

Es gibt einige englischsprachig aufgewachsene Iren, die die irische Sprache stärker in ihr Leben integrieren möchten. Sie schicken ihre Kinder in irischsprachige Schulen, schauen sich Sendungen im irischsprachigen Fernsehkanal TG4 an, hören den nationalen Sender Raidió na Gaeltachta oder den von Ehrenamtlichen betriebenen Lokalsender Raidió na Life oder sie lesen Literatur in irischer Sprache. Wer ein Bier auf Irisch bestellen möchte, kann dies im von Conradh na Gaeilge betriebenen Irischclub der Stadt versuchen. Um zu der Bar zu gelangen, muss man eine Treppe hinuntergehen und klingeln, was man getrost tun kann, wenn man sich für die Sprache interessiert und sich vielleicht ein paar Worte zurechtgelegt hat.

Darüber befindet sich der tagsüber geöffnete irischsprachige Buchladen An Siopa Leabhar (übersetzt: „Der Buchladen", s. S. 87), in dem auch Lehrbücher, Grammatiken und Wörterbücher erhältlich sind. Wer vor oder während seinen Reise einen raschen Überblick über die irische Sprache bekommen möchte, der findet ab Seite 132 eine kleine Sprachhilfe.

12 Dublin City Hall ★★ [H7]

Das neoklassizistische Rathaus ist ein Paradebeispiel für die georgianische Architektur, die das Bild Dublins prägt. Wenn es nicht gerade für offizielle Anlässe genutzt wird, kann man sich in dem Kuppelbau aus dem 18. Jh. umsehen. Im Kellergewölbe befindet sich eine sehenswerte multimediale Ausstellung zur Stadtgeschichte.

Im Inneren der lichtdurchfluteten Rotunde beeindruckt die **Kuppel**, die von 12 Säulen gestützt wird. An der Wand befinden sich **12 Fresken**, die John Ward 1914 gemalt hat und die Sagen und historische Ereignisse aus der Geschichte Dublins sowie die Wappen der vier Provinzen der Insel darstellen. Rechts vom Eingang steht eine 6 m hohe **Marmorstatue von Daniel O'Connell**, dem ersten katholischen Bürgermeister seit dem 17. Jh. Er regierte von 1841 bis 1842, allerdings noch nicht in diesem prächtigen Rathaus, da das Gebäude zu der Zeit noch eine **Börse** (Royal Exchange) war. Wegen des wirtschaftlichen Niedergangs Dublins nach der Eingliederung der Insel ins Vereinigte Königreich in der ersten Hälfte des 19. Jh. stand das Gebäude für einige Jahre leer und wurde 1852 zum neuen Sitz der Stadtregierung.

Gebaut wurde die Börse zwischen 1769 und 1779 vom Architekten Thomas Cooley am Ort einer mittelalterlichen Kirche. Nachdem die Royal Exchange zur City Hall geworden war, veränderte man viel am Gebäude, aber nach Restaurierungsarbeiten zwischen 1998 und 2000 sieht sie nun wieder so aus, wie es im 18. Jh. intendiert war.

Die **historische Ausstellung** im Kellergewölbe ist sehr interessant, wenn

101du-kw

man sich für irische Geschichte und vor allem für die Geschichte Dublins interessiert. Es gibt deutschsprachige Infozettel, die dabei helfen, sich zwischen den englischsprachigen Texttafeln zurechtzufinden.

› Dame Street, D02 NP93, geöffnet: Mo.–Sa. 10–16 Uhr, Eintritt: frei

13 Dublin Castle ★★★ [H7]

Bis 1922 befand sich in diesen Gemäuern der Sitz der englischen und später der britischen Staatsmacht auf der Insel. Nur wenig erinnert noch an die alte, 1204 von den Anglo-Normannen nach deren Eroberung Irlands erbaute Burg, die einmal vier Türme hatte und ganz von einer Mauer und einem Wassergraben umgeben war. Dublin Castle wird heute für offizielle Regierungsanlässe, wie Besuche ausländischer Staatsgäste oder die feierliche Amtseinführung der neugewählten irischen Präsidenten, genutzt.

Nach einem **Feuer im Jahr 1684**, das großen Schaden anrichtete, wurde die Burg größtenteils neu gebaut. Was man heute sieht, geht hauptsächlich auf diese Arbeiten im späten 17. und frühen 18. Jh. zurück, aber verschiedene Baumaßnahmen gab es auch noch im 20. Jh. Nur die Türme **Record Tower** und **Bermingham Tower** stammen aus dem Mittelalter.

Zu besichtigen sind die **State Apartments**, die ehemaligen privaten und für repräsentative Zwecke genutzten Gemächer des britischen Vizekönigs in Irland. Zu diesen gehört die **St Patrick's Hall**, der Festsaal der Burg, an dessen Decke auf drei großen Bildern die Krönung von König George III. (1760), die Christianisierung Irlands durch St Patrick und die Unterwerfung der irischen Fürsten vor Englands König Henry II. im Jahr

⌃ *Der Garten von Dublin Castle*

1171 dargestellt werden. Im Throne Room befindet sich ein Thron, der 1821 anlässlich des Besuchs von König George IV. aufgestellt wurde.

2011 war Königin Elizabeth II. zu Gast in der Dubliner Burg, die als erster britischer Monarch dem unabhängigen Irland einen Staatsbesuch abstattete und von der damaligen irischen Präsidentin Mary McAleese zu einem Bankett in der St Patrick's Hall geladen wurde.

Nur im Rahmen einer Führung kann man die **neugotische Kapelle** besichtigen, die im Jahr 1814 eröffnet und vom Haushalt des Vizekönigs benutzt wurde. Nachdem der britische König George IV. hier 1821 einen Gottesdienst besucht hatte, war die zunächst anglikanische Kirche als Chapel Royal bekannt. Nach der Unabhängigkeit Irlands stand das Gotteshaus erst einmal leer und wurde 1943 zu einer katholischen Kirche. Heute ist sie profaniert, also offiziell keine Kirche mehr. Übrigens drehte man hier einige Szenen der Fernsehserie „Die Tudors", unter anderem den Prozess gegen Thomas Moore.

Ebenfalls im Rahmen der Führung kann man in einem unterirdischen Gewölbe **Überreste eines der alten Türme** der mittelalterlichen Burg in Augenschein nehmen und den nun unterirdisch fließenden **Fluss Poddle**, der so umgeleitet worden war, dass er den Burggraben bildete.

› Dame Street, D02 V240, Tel. 01 6458813, www.dublincastle.ie, geöffnet: tägl. 9.45–17.45 Uhr, Eintritt: State Apartments (ohne Führung) Erwachsene 8 €, ermäßigt 6 €, Kinder (12–17) 4 €, Familien 20 €, Führung State Apartments, Kapelle und unterirdische Kammer Erwachsene 12 €, ermäßigt 10 €, Kinder (12–17) 6 €, Familien 30 €

14 Chester Beatty Library ★★ [H7]

Dublins Museen haben vorwiegend Irlands Geschichte und Kultur zum Thema. Eine Abwechslung bietet die sehr sehenswerte Chester Beatty Library, die eigentlich eher ein Museum als eine Bibliothek ist und in der Handschriften, Drucke, Bücher und Kunstgegenstände vor allem aus der islamischen Welt und Ostasien ausgestellt und erklärt werden.

Der Gründer des Museums war **Chester Beatty**, ein 1875 in New York geborener Bergbauingenieur und Minenbesitzer. Nebenbei war er ein engagierter und kenntnisreicher Sammler von Texten und Kunsthandwerk aus aller Welt. 1912 siedelte er nach London über und vermutlich wären die Objekte seiner Sammlung heute im British Museum zu sehen, wenn er nicht 1950, frustriert nach dem Wahlsieg der Labour-Partei wegen des Linksrutschs in der britischen Politik, mitsamt seiner Sammlung nach Dublin umgezogen wäre. Sein Museum eröffnete er 1954. Nach Beattys Tod im Jahr 1968 ging das Museum an eine Stiftung über. Seit 2000 ist die Chester Beatty Library im **Clock Tower** beheimatet, einem im 18. Jh. gebauten ehemaligen Verwaltungsgebäude des Dublin Castle 13.

Im ersten Stock befindet sich die Dauerausstellung **Art of the Book** („Buchkunst"), in der mittelalterliche Handschriften, Drucke, Illustrationen und Bücher aus Europa, dem mittleren Osten, China und Indien zu sehen sind. In der Dauerausstellung **Sacred Traditions** („Heilige Traditionen") im zweiten Stock werden kunstvoll verzierte Texte und Kunstwerke christlicher, islamischer, buddhistischer, taoistischer und konfuzianischer Herkunft ausgestellt. Daneben gibt es interessante Sonderausstellungen.

Stärken kann man sich im **Silk Road Café** (s. S. 74) und ausruhen im **Roof Garden**, einer Oase der Ruhe über den Dächern Dublins.

› Dublin Castle, Castle Street, D02 AD92, Tel. 01 4070750, www.chesterbeatty.ie, geöffnet: Mo.–Sa. 9.45–17.30, Mi. bis 20, So. 12–17.30 Uhr, Nov.–Febr. Mo. geschlossen, Eintritt: frei (Spende von 10 € empfohlen)

Die Christ Church Cathedral ist ein markantes Gebäude

016du-kf

15 Christ Church Cathedral ★★★ [G7]

Zwar liegt diese anglikanische Kathedrale, der Sitz des Bischofs der Diözese von Dublin und Glendalough, heute etwas abseits vom Stadtzentrum, aber früher bildete die Christ Church Cathedral, deren Wurzeln bis ins Mittelalter zurückreichen, den Mittelpunkt der Stadt.

Schon unter den Wikingern entstand hier eine hölzerne Kirche, aber als die Anglo-Normannen unter **Richard de Clare**, genannt **Strongbow**, im 12. Jh. Dublin und weite Teile der Insel eroberten, baute man die steinerne Kathedrale. Im Mittelgang der Kirche befindet sich das Grab Strongbows, das einen liegenden Ritter zeigt. Das ursprüngliche Grabmal wurde allerdings im 16. Jh. zerstört, als das Dach einstürzte. Man ersetzte es zu jener Zeit einfach durch eine in Drogheda angefertigte Grabplatte, die einen Ritter darstellte. Von dem Einsturz zeugt auch die noch erhaltene Nordwand, die seitdem eine Neigung von 50 cm hat.

Zur Zeit der anglo-normannischen Invasion war **Laurence O'Toole** Erzbischof der Stadt. Er zeigte viel Geschick bei Verhandlungen zwischen den Invasoren und Einheimischen. Wegen angeblicher Wunder wurde er nach seinem Tod 1225 vom Papst heiliggesprochen und gilt als der **Stadtheilige Dublins.** Sein Herz, aufbewahrt in einem herzförmigen hölzernen Reliquienschrein, befand sich ab dem 13. Jh. in der Christ Church Cathedral, bis es 2012 gestohlen wurde. 2018 fand die Polizei die Reliquie nach Hinweisen aus der Bevölkerung im Phoenix Park. Seitdem ist sie wieder in der St Laud's Chapel der Kathedrale zu sehen.

MEIN TIPP

Fish and Chips beim ältesten „Chipper" Dublins

Nach dem Besuch der Christ Church Cathedral 15 kann man mittags oder zum Abendessen bei **Leo Burdock,** dem 1913 gegründeten und somit ältesten „Chipper" Dublins, Fish and Chips essen. Entweder setzt man sich an einen der wenigen Tische im Laden oder man tut es der Mehrheit der Kunden gleich und nimmt sein Essen mit, üblicherweise eingewickelt in Packpapier. Die Frage, ob man „salt and vinegar" (Salz und Essig) darauf möchte, würde von den meisten Iren bejaht werden.

1 [G7] **Leo Burdock** €€, Werburgh Street, D08 HC82, geöffnet: tägl. 12.30–22.30 Uhr

Die **Krypta,** das Gewölbe unter der Kirche, ist die älteste Struktur der Stadt und existierte wohl schon vor der normannischen Invasion. Auf Interesse bei vielen Besuchern stoßen die **mumifizierten Überreste einer Ratte und der sie jagenden Katze,** die in den 1860er-Jahren in einer Orgelpfeife entdeckt wurden, in der sie wohl steckengeblieben waren.

Im 19. Jahrhundert war die Kathedrale teilweise verfallen, das Kirchenschiff wurde für Märkte benutzt und in der Krypta befanden sich mehrere Gaststätten. Nach großzügigen Spenden durch den Brennereibesitzer Henry Roe wurde das Gotteshaus zwischen 1871 und 1878 renoviert und erhielt weitgehend seine heutige Form.

› Winetavern Street, D08 TF98, Tel. 01 6778099, www.christchurchcathedral.ie, geöffnet: Mo.–Sa. 9.30–17, So. 12.30–15 Uhr, Eintritt: Erwachsene 10 €, ermäßigt 8,50 €, Kinder 3 €, Familien 23,50 €, auch Kombiticket mit Dublinia 16 erhältlich (nur in Dublinia, nicht online oder in der Christ Church Cathedral)

16 Dublinia ★★★ [G7]

Geschichte hautnah, oft zum Anfassen und daneben gut und solide erklärt bietet dieses moderne Museum in der Synodenhalle der Christ Church Cathedral 15.

Die **Synodenhalle** ist mit der Kathedrale durch einen im 19. Jahrhundert erbauten gotischen Brückengang verbunden, der über der Winetavern Street verläuft. Der Eingang des Museums befindet sich aber im Gebäude der Synodenhalle selbst. Mit audiovisuellen Präsentationen, zahlreichen Nachbildungen von Menschen, Behausungen und Gegenständen sowie der Möglichkeit, Dinge auszuprobieren, können die Besucher im Erdgeschoss **das Dublin der Wikinger** erkunden, sich im ersten Stock mit der späteren **mittelalterlichen Stadt** beschäftigen und im zweiten Stock die Arbeitsweisen und Erkenntnismöglichkeiten der Archäologie näher unter die Lupe nehmen.

Im Anschluss kann man noch auf den **St Michael's Tower** steigen und die Aussicht von dort genießen und dann, wenn man eine entsprechende Eintrittskarte hat, über den Brückengang in die Christ Church Cathedral 15 weitergehen.

› St Michaels Hill, Winetavern Street, D08 V529, Tel. 01 6794611, www.dublinia.ie, geöffnet: tägl. 10–18 Uhr, Eintritt: Erwachsene 14 €, ermäßigt 12,50 €, Kinder 6,50 €, Familien 21/33 €. Kombitickets, die auch in der Christ Church Cathedral 15 gelten, sind ebenfalls erhältlich.

Die Anglikanische Kirche Irlands

Die ältesten und imposantesten Kirchengebäude der Insel, wie zum Beispiel Dublins zwei Kathedralen, gehören der anglikanischen Church of Ireland, der heute gerade einmal 3 % der Bevölkerung der Republik angehören. Die Kirche sieht sich in der Tradition des irischen Nationalheiligen und der frühen irischen Kirche. Sie gilt zwar als protestantisch, verortet sich selbst aber zwischen Katholizismus und Protestantismus. Einige Mitglieder und Gemeinden stehen dabei eher den katholischen Aspekten ihrer Tradition nahe und werden als „hochkirchlich" („high church") bezeichnet, während andere eher zum Protestantismus tendieren, was „evangelikal" („evangelical") genannt wird.

Die irische Kirche trennte sich 1536 von der katholischen Kirche, zwei Jahre nachdem die Kirche in England diesen Schritt getan hatte. Der Grund war, dass der Papst dem englischen König Henry VIII. die Annullierung seiner Ehe verweigert hatte, woraufhin dieser sich zum Oberhaupt der Kirche in seinen beiden Königreichen erklärte. Während in England die Mehrheit der Bevölkerung nach und nach zu Anglikanern wurde, blieben die meisten Iren der nun unterdrückten und zu manchen Zeiten verbotenen katholischen Kirche treu.

Die Church of Ireland war bis 1870 zwar die Staatskirche, an die jeder eine Kirchensteuer entrichten musste, aber die Mehrheit der Mitglieder entstammte der im 17. Jh. eingewanderten anglo-irischen Elite. Die Kirche ist nach wie vor irlandweit organisiert. Heute leben etwa 65 % der irischen Anglikaner in Nordirland. Das Oberhaupt ist der Bischof von Armagh in Nordirland, während die Hauptsynode sich in Dublin befindet.

17 St Patrick's Cathedral ★★★ [G8]

Nur 400 m von der Christ Church Cathedral entfernt befindet sich die zweite Kathedrale der Stadt, die zudem Irlands größte Kirche ist. Sie gilt als nationale Kathedrale der anglikanischen Kirche Irlands, während Christ Church Cathedral 15 der Bischofssitz der Vereinten Diözesen Dublin und Glendalough ist.

St Patrick's steht an einem Ort, an dem der heilige Patrick einmal Konvertierungswillige getauft haben soll. Eine Kirche gab es hier wohl seit dem 5. Jh., aber das heutige Gebäude geht auf das 12. Jh. zurück. Die Kathedrale stand anders als Christ Church Cathedral außerhalb der Stadtmauern. Mitte des 17. Jh. wurde den aus Frankreich vor religiöser Verfolgung geflohenen Hugenotten die Lady Chapel an der Ostseite der Kathedrale zur Verfügung gestellt. 150 Jahre lang hielten sie dort ihre Gottesdienste ab.

Zwischen 1713 und 1745 war der bekannte Autor und Satiriker **Jonathan Swift** („Gullivers Reisen") Dekan der Kathedrale. Im Mittelgang liegt er hier zusammen mit seiner Geliebten Stella begraben. Seine lateinische Grabinschrift hat er selbst verfasst und man wird auf viele weitere Objekte stoßen, die mit Swift zu tun haben, u. a. seine Totenmaske, also ein Ab-

Blick in Irlands größte Kirche: St Patrick's

druck des Gesichts, die der antiken Tradition folgend nach seinem Tod angefertigt wurde.

Wie Christ Church 15 war St. Patrick's Cathedral im 19. Jh. heruntergekommen und sogar einsturzgefährdet. Auch hier griff die erfolgreiche Dubliner Alkoholindustrie der Kirche unter die Arme: Die **Familie Guinness** finanzierte zwischen 1860 und 1865 Renovierungsarbeiten. Leider sind keine Aufzeichnungen aus diesen Zeiten vorhanden, weshalb es schwer zu sagen ist, welche Teile der Kirche noch mittelalterlich sind und welche auf die Baumaßnahmen im 19. Jh. zurückgehen.

Davon, dass man als anglikanische Kirche britischen Traditionen nahesteht, zeugt das nördliche Querschiff, in dem Fahnen irischer Regimenter der britischen Armee ausgestellt sind und in dem zudem der irischen Gefallenen im Ersten Weltkrieg, als Irland noch zum Vereinigten Königreich gehörte, gedacht wird. Am Ende des Mittelgangs befindet sich auf der linken Seite eine **Kirchenbank**, die früher Mitgliedern der königlichen Familie oder deren Vertreter in Irland vorbehalten war. Hier nahmen schon Königin Victoria und ihr Gemahl Prinz Albert, aber auch König Edward VI. Platz. Nun ist die Bank dauerhaft für den Präsidenten der Republik oder dessen Vertreter reserviert. Auf der Vorderseite der Bank befindet sich noch das geschnitzte königliche Wappen mit Löwen und Einhorn, aber eine Plakette mit einer goldenen Harfe vor einem blauen Hintergrund macht deutlich, wer heute hier sitzen darf.

Im südlichen Seitenschiff erinnert eine Steintafel an Irlands ersten Präsidenten, **Douglas Hyde**, der Anglikaner, Philologe des Irisch-Gälischen und Pionier der irischen Sprachbewegung war und sein Amt 1938 antrat. Die Plakette ist in irischer Sprache und in traditioneller Schrift, sein Name wird in der gälisierten Form wiedergegeben. Etwas weiter links von der Gedenktafel

befindet sich die Büste eines anderen anglikanischen Präsidenten Irlands, **Erskine Childers**, der 1974 nach nur einem Jahr im Amt verstarb. Die Begräbnisse beider Präsidenten fanden hier statt, aber 1949, im Jahr als Douglas Hyde starb, verbot die katholische Kirche ihren Gläubigen noch, Gottesdiensten anderer Konfessionen beizuwohnen, weshalb die meisten Mitglieder der irischen Regierung vor der Kirche warteten und dann dem Trauerzug zum Friedhof folgten.

› St Patrick's Close, Wood Quay, D08 H6X3, www.stpatrickscathedral.ie, geöffnet: Mo.–Fr. 9.30–17 Uhr, Sa. 9–18 Uhr (Nov.–Febr. bis 17 Uhr), So. 9–10.30 und 12.30–14.30 Uhr, März–Okt. zudem auch 16.30–18 Uhr, Eintritt: Erwachsene 9 €, ermäßigt 8 €, Kinder 3,50 €, Familien 24 €

18 Marsh's Library ★★ [H8]

Irlands älteste öffentliche Bibliothek zu betreten, gleicht einer Zeitreise ins frühe 18. Jh., denn weder die Einrichtung noch der Bestand haben sich seit ihrer Eröffnung im Jahr 1707 wesentlich verändert.

Gegründet wurde die Bücherei vom anglikanischen Erzbischof **Narcissus Marsh**, dessen eigene Sammlung von 10.000 Büchern auch den Grundstein der Sammlung bildete. Mittlerweile ist der Bestand auf 25.000 Bände angewachsen, wobei man keine aktuelle Literatur hinzukauft, sondern sich auf den bisherigen Bestand von vorwiegend aus dem 16. bis 18. Jh. stammenden Büchern in verschiedenen Sprachen konzentriert.

Der Katalog ist online verfügbar und man kann bei Forschungsinteresse nach vorheriger Anmeldung das gewünschte Werk im Lesezimmer in Augenschein nehmen. Den meisten Besuchern geht es aber um die **Atmosphäre** in dieser mit alten Eichenregalen ausgestatteten kleinen Bibliothek. Die Bücher selbst kann man normalerweise nicht in die Hand nehmen, aber einige interessante Werke werden in Schaukästen ausgestellt, aufgeschlagen und mit Erklärungen versehen.

› St Patrick's Close, D08 FK79, www.marshlibrary.ie, geöffnet: Di.–Fr. 9.30–17 Uhr, Sa. 10–17 Uhr, Eintritt: Erwachsene 5 €, ermäßigt und Kinder 3 €. In der Christchurch Cathedral 15 gibt es ein Kombiticket, das auch für die Marsh Library gilt.

19 Guinness Storehouse ★★★ [E7]

Irlands wohl bekanntester Exportartikel ist das Stout-Bier Guinness. Die Brauerei wurde im Jahr 1759 von Arthur Guinness gegründet und war im späten 19. Jahrhundert die größte der Welt. Mittlerweile ist sie im Besitz des weltweit tätigen Londoner Diageo-Konzerns.

Guinness wird weltweit gebraut und getrunken und ist nach wie vor das beliebteste Bier der Iren. Seit 2000 stellt sich die irische Biermarke in der ehemaligen Werkshalle, in der der Fermentierungsprozess des Bieres durchgeführt wurde, technisch aufwendig dar. Auf mehreren Etagen werden durch verschiedene **audiovisuelle Präsentationen** die Zutaten Gerste, Hopfen und Hefe, der Firmengründer Arthur Guinness, die Lagerung und der Transport des Bieres und die sich ändernde Werbung für Guinness thematisiert. Was man allerdings nicht er-

Guinness-Werbung aus der ersten Hälfte des 20. Jh. im Storehouse

warten sollte, ist die Besichtigung einer in Betrieb befindlichen Brauerei, denn das Guinness Storehouse ist ein **modernes Firmenmuseum,** das natürlich zudem für ihr bekanntestes Produkt die Werbetrommel rührt.

Es gibt in den oberen Etagen mehrere Restaurants und Bars, in denen man jeweils auch sein im Eintrittspreis inbegriffenes Pint Guinness (oder eine alkoholfreie Alternative) bekommt. Als Höhepunkt des Besuches sehen viele die **Gravity Bar** ganz oben im 7. Stock, von der aus man einen 360° Panoramablick über Dublin hat. Und bevor man geht, kann man sich im **Store** noch mit unzähligen Souvenirs mit dem Guinness-Logo eindecken.

› Saint James's Gate, D08 VF8H, www.guinness-storehouse.com, geöffnet: Mo.-Fr. 10-17, Sa. 9.30-18, So. 9.30-17 Uhr, Eintritt (Storehouse Experience): Erwachsene 20 €, ermäßigt 17 €, Kinder (5-17 Jahre) 10 €, Familien 51 €

Nördlich des Liffey

Die O'Connell Street, die zentrale Dubliner Verkehrsader, entstand Ende des 17. Jahrhunderts. Die Statuen auf dem Mittelstreifen der Straße, die alle wichtige Persönlichkeiten des öffentlichen Lebens zu jener Zeit darstellen, wurden mit Ausnahme der von Larkin Ende des 19. oder im frühen 20. Jahrhundert aufgestellt, als Irland noch zum Vereinigten Königreich gehörte.

Westlich der Gegend um die O'Connell Street befindet sich der Stadtteil Smithfield. Früher befand sich hier ein großer Marktplatz, auf dem vor allem Vieh und Pferde gehandelt wurden. Heute heißt der ehemalige Markt in Smithfield Plaza und ist ein beliebtes Ausgehviertel. Allerdings findet in dem Stadtteil immer noch regelmäßig ein Pferdemarkt statt.

018du-kf

Die Statuen in der O'Connell Street

Am südlichen Ende der O'Connell Street steht das Denkmal **Daniel O'Connells** (1775–1847). Er entstammte einer wohlhabenden katholischen Familie und gründete 1823 eine sehr erfolgreiche Bürgerrechtsbewegung, der es gelang, der britischen Regierung für Katholiken das Recht abzuringen, als Abgeordnete im Londoner Parlament zu sitzen. Später setzte er sich für mehr Autonomie Irlands ein. Er war mehrmals Abgeordneter in Westminster und von 1840 bis 1841 Bürgermeister Dublins. O'Connells Statue steht auf einem Fries, der die Menschen der Insel repräsentiert, die von Hibernia, einer Frauenfigur, die Irland verkörpert, aus der Sklaverei geführt werden. Die Frauenfiguren mit Flügeln unter dem Fries stellen alle die griechische Siegesgöttin Nike dar und symbolisieren vier Eigenschaften: Patriotismus (mit Schwert und Schild), Treue (mit Hund), Mut (mit Schlange) und Eloquenz (mit Büchern). Das Monument hat zahlreiche Einschusslöcher aus der Zeit des Osteraufstands von 1916.

Die nächsten zwei Statuen zeigen **William Smith O'Brien** (1803–1864), der 1848 an der Spitze einer erfolglosen Rebellion gegen die britische Herrschaft stand, und **Sir John Gray** (1815–1875), der sich als Zeitungsherausgeber für eine größere Selbstständigkeit Irlands einsetzte und der als gewählter Vertreter der Stadtverwaltung dafür verantwortlich war, dass das Trinkwasser der Stadt (bis heute) aus dem Fluss Vartry in den Bergen von Wicklow kommt.

James Larkin (1876–1947), dessen Statue die letzte südlich des Spire (20) ist, war ein Gewerkschaftsführer. Damals lebten Arbeiter in Dublin in ärmlicheren Verhältnissen als irgendwo sonst im Vereinigten Königreich. 1913 mussten viele von ihnen schriftlich bestätigen, nicht Mitglieder in seiner Gewerkschaft zu sein. Jene, die nicht dazu bereit waren, durften nicht zur Arbeit kommen und an ihrer Stelle wurden Ersatzkräfte eingestellt. Bei einer Gewerkschaftskundgebung im Juli 1913 in der O'Connell Street erschoss die Polizei zwei Teilnehmer. Die Gewerkschaft musste 1914 nachgeben, da die Arbeiter nicht mehr genug zu essen hatten, aber diese Ereignisse etablierten die Arbeiterbewegung in Irland. Larkin war ein Mitbegründer der irischen Labour Partei und wurde nach der Unabhängigkeit in die Dubliner Stadtverwaltung und ins irische Parlament gewählt, wo er am linken Rand des politischen Spektrums stand.

Rechts von der Spire, wenn man Richtung Norden geht, beginnt die Fußgängerzone der North Earl Street. Hier steht eine Statue des Schriftstellers **James Joyce** (1882–1941). Er entstammte dem Dubliner Bürgertum, lebte aber wegen des Alkoholismus seines Vaters teilweise in unsicheren finanziellen Verhältnissen. Den Großteil seines Erwachsenenlebens verbrachte Joyce im Ausland. Bevor er Irland für immer verließ, blieb er aber noch sechs Tage im Martello Tower (40) von Sandycove, wo sich heute ein Joyce gewidmetes Museum befindet. Im Ausland veröffentlichte er seine Kurzgeschichtensammlung „Dubliners" und seine Romane, die alle auf teils autobiografischen Erlebnissen beruhen und ein Bild des Lebens der unteren Mittelschicht in Dublin zur Jahrhundertwende zeichnen (Seite 115).

Von der Spire weiter nach Norden steht ein Denkmal des katholischen

Priesters **Father Theobald Mathew** (1790–1856), der bei seiner Arbeit mit Armen in Cork oft mit den fatalen Folgen des Alkoholkonsums konfrontiert wurde. Er reiste durch Irland und bewegte mehr als die Hälfte aller Erwachsenen zu geloben, nie mehr Alkohol zu trinken. Tatsächlich ging der Alkoholkonsum damals für drei Jahre um die Hälfte zurück. Laut einer Statistik von Eurostat von 2019 trinken auch heute fast 23 % der Iren überhaupt keinen Alkohol.

Die letzte der Statuen zeigt **Charles Stewart Parnell** (1846–1891). Sie steht vor einem hohen Obelisken und blickt die O'Connell Street hinunter. Parnell stammte aus einer protestantischen Gutsherrenfamilie, setzte sich für die Rechte der Landpächter ein und führte folgende Taktiken ein: Nichtbeachtung von Personen und Firmen, die der Gewährung von mehr Rechten für die Pächter im Wege standen und Verweigerung der Zahlung der Pacht, um Druck auszuüben. Das Wort „Boykott" geht auf solche Maßnahmen von Parnells Land League gegen einen Gutsverwalter namens Charles Cunningham Boykott 1879 zurück. 1881 wurde Parnell für sieben Monate im Kilmainham Gaol (39) inhaftiert. Später setzte er sich als Parteichef der Irish Parliamentary Party für die Einführung eines irischen Regionalparlaments, ein. Parnells Partei war äußerst erfolgreich, scheiterte aber an einer Affäre Parnells mit einer verheirateten Frau. Forderungen, die Beziehung zu beenden, gab er nicht nach und 1891 heiratete er seine nun geschiedene Geliebte. Daraufhin wendete sich die einflussreiche katholische Kirche von ihm ab und seine eigene Partei spaltete sich.

(20) The Spire of Dublin ★ [I5]

Die O'Connell Street wird von der längsten freistehenden Skulptur der Welt dominiert, die an eine gigantische Nadel erinnert. Die aus Edelstahl bestehende Spire of Dublin („Spitze von Dublin") ragt knapp über 120 Meter in die Höhe und hat am Fuß einen Durchmesser von drei Metern. Nach oben hin spitzt sie sich auf 15 cm zu.

Bis 1966 stand an dieser Stelle **Nelson's Pillar**, eine 1809 errichtete, begehbare hohe Granitsäule, auf der sich eine Aussichtsplattform und eine Statue des britischen Seehelden Horatio Nelson befanden (siehe Abb. auf S. 100). Das Denkmal überlebte die Unabhängigkeit Irlands mehrere Jahr-

MEIN TIPP

Nelsons Kopf

Von **Nelson's Pillar** (s. Bild S. 100), dem ehemaligen Wahrzeichen Dublins, das sich dort befand, wo heute die Spire (20) steht, ist heute nur noch der Kopf erhalten. Diesen kann man sich im ersten Stock einer öffentlichen Stadtbibliothek ansehen.

B **2** [L7] **Pearse Street Library**, 139–144 Pearse Street, D02 HE37, geöffnet: Mo.–Do. 10–20, Fr., Sa. 10–17 Uhr

109du

zehnte, bis es anlässlich des 50. Jahrestags des Osteraufstands von einigen radikalen Nationalisten in die Luft gesprengt wurde. Lange klaffte hier eine Lücke, abgesehen von dem 1988 in der Nähe errichteten Anna-Livia-Monument, das aber der Spire weichen musste und mittlerweile unweit des Bahnhofs Heuston Station ein neues Zuhause gefunden hat (s. S. 67).

In den 1990er-Jahren entschied der Stadtrat, dass die etwas heruntergekommene O'Connell Street und Dublin ein neues Monument brauchten und so wurde ein Wettbewerb ausgeschrieben, den der britische Architekt **Ian Richie** gewann. Die 2003 errichtete Spire ist weit sichtbar, zumal die oberen 12 Meter nachts beleuchtet werden. Im Inneren befinden sich Schwingungsdämpfer, die das Schwanken der Skulptur im Wind auf 1,50 Meter begrenzen.

21 General Post Office und GPO Witness History ★★★ [I5]

Dublins Hauptpostamt war das Hauptquartier der Rebellen des Osteraufstands von 1916 (s. S. 101) und nimmt deshalb eine zentrale Rolle in der Mythologie des irischen Nationalismus ein.

020du-kf

Das neo-klassizistische Gebäude mit seinen Säulen wurde 1814 erbaut und 1818 eröffnet. Auf dem Dach über dem Eingang befinden sich **drei Statuen:** In der Mitte steht eine Frauenfigur, die den Namen **Hibernia** (lateinisch für Irland) trägt und Irland darstellt, links von ihr befindet sich der antike Götterbote **Merkur** und rechts eine Frau, die Treue (**Fidelity**) symbolisiert.

Da das Postamt sich in zentraler Lage befindet und zudem vor der Unabhängigkeit als ein Symbol des britischen Staates galt, erschien es beim Aufstand 1916 als ideales Hauptquartier. Im Säulengang vor dem Eingang verlas **Patrick Pearse** vor verwunderten Passanten die **Proklamation der Irischen Republik.** Der Aufstand scheiterte allerdings und die Post brannte bis auf die Fassade und die Säulen nieder und wurde erst 1928 wiedereröffnet.

Übrigens liest und hört man oft, dass sich in der Fassade noch Einschusslöcher aus der Zeit des Osteraufstands befinden sollen: Die besagten Löcher sind aber zumindest nach Ansicht der irischen Post eher die Folge von Bauarbeiten und Wettereinwirkung. Dem Historiker Pat Liddy zufolge hätten die Schusswaffen der britischen Armee eher Absplitterungen verursacht. Einschusslöcher aus der Zeit des Osteraufstands findet man aber an der nahegelegenen Statue von Daniel O'Connell (s. Exkurs links).

Zum Gedenken an die Aufständischen von 1916 steht im General Post Office seit 1935 die Skulptur **„Death of Cú Chulainn“** („Tod des Cú Chulainn“) des Künstlers Oliver Sheppard, die eine Szene aus der irischen Mythologie darstellt: Der Held Cú Chulainn ist tödlich verwundet. Er bindet sich an einen Menhir (Hinkelstein), um auf den Füßen stehend beim letzten Kampf gegen seine Feinde zu sterben. Erst nachdem ein Rabe auf seinen Schultern landet, glauben seine Gegner, dass er wirklich gestorben ist.

2016, einhundert Jahre nach dem Osteraufstand, eröffnete der irische Taoiseach Leo Varadkar in der Dubliner Hauptpost das diesem Ereignis gewidmete Museum **GPO Witness History.** Der Name kann mit „Erlebe Geschichte" übersetzt werden, was das Konzept des Museums gut auf den Punkt bringt. Auf Tafeln mit Bildern und Texten, Touchscreen-Monitoren, durch Gegenstände aus der Zeit, Filmclips und Tonaufnahmen werden die Ereignisse von 1916 und deren Vorgeschichte aus vielen Perspektiven erklärt. Die Darstellung ist ausgewogen und durchaus auch gegenüber allen Akteuren jener Zeit kritisch, es handelt sich also nicht um Heldenverehrung. Wem das Lesen und Hören der englischen Texte etwas zu anstrengend wird, kann auf die kostenlosen Audioguides zurückgreifen, die es auch auf Deutsch gibt.

› **General Post Office,** O'Connell Street Lower, D01 F5P2, geöffnet: Mo.-Sa. 8.30-18 Uhr

› **GPO Witness History,** www.gpowitnesshistory.ie, geöffnet: Di.-Sa. 10-17 Uhr, Juli und Aug. auch Di., letzter Zutritt jeweils 16 Uhr, Eintritt: Erwachsene 15 €, Kinder (ab 6 Jahren) 7,50 €, ermäßigt 12 € (Audioguides auch auf Deutsch)

Das General Post Office in der O'Connell Street

22 St Mary's Pro-Cathedral ★★ [I5]

Die eher kleine katholische Bischofskirche versteckt sich in einer Seitenstraße. Das „Pro" im Namen steht für „provisorisch", denn nach wie vor betrachtet die Katholische Kirche Irlands die im 16. Jahrhundert enteignete Christ Church Cathedral 15 als ihren eigentlichen Sitz. Zudem war eigentlich geplant, einmal eine größere Kathedrale zu bauen, was bis heute allerdings nicht geschehen ist.

Nach der von König Henry VIII. verordneten Reformation in England und Irland hatte die Katholische Kirche keine Gotteshäuser und war zeitweise sogar verboten. Als sich die rechtliche Situation der Katholiken im 19. Jahrhundert verbesserte, kaufte ein Komitee katholischer Bürger im Jahr 1803 ein Stadthaus, das im Jahr 1814 abgerissen wurde, um dort eine katholische Kirche zu errichten. 1825 wurden die Bauarbeiten an der Kirche St Mary's schließlich abgeschlossen.

Die Pro-Kathedrale unterscheidet sich wegen ihres **neo-klassizistischen Stils** sehr von den beiden großen, vorwiegend im gotischen Stil gehaltenen anglikanischen Kathedralen der Stadt. Der Mittelgang der **im Inneren eher nüchtern ausgestatteten Kirche** führt zu einem modernen Altar, in den der ursprüngliche, geschnitzte Altar des italienischstämmigen Belfaster Künstlers Peter Turnelli (1772-1839) integriert ist. Im Kirchenfenster dahinter wird die Heilige Jungfrau Maria dargestellt. Darüber zeigt ein Relief des Künstlers John Smyth (1773-1840) die Himmelfahrt Christi.

Von außen ist das Gotteshaus mit seinen sechs dorischen Säulen einem **griechischen Tempel** nachempfunden. Vor der Kirche steht seit 2001 das Monument **„Die Märtyrer von Dublin"** des Bildhauers Conall McCabe, das stellvertretend zwei von 17 irischen Märtyrern darstellt, die nach der durch Henry VIII. verordneten Reformation für ihren Glauben starben und 1992 von Papst Johannes Paul II. heiliggesprochen wurden: Margaret Ball (1515–1548), die oft katholischen Priestern Zuflucht gewährte und im Kerker von Dublin Castle starb, und Francis Taylor (1551–1621), der 1595 Bürgermeister von Dublin wurde, sich weigerte, der anglikanischen Kirche beizutreten und nach sieben Jahren im Gefängnis starb. Übrigens ist die „Pro", wie die Kirche oft genannt wird, auch für den **Palestrina Choir** bekannt, der sonntags im Gottesdienst um 11 Uhr auf Latein singt.

› 83 Marlborough Place, D01 TX49, Tel. 01 8745441, www.procathedral.ie, geöffnet: Mo.–Fr. 9.30–15 Uhr, Sa. von 9.30 Uhr bis nach der Abendmesse um 18 Uhr, So. von 9 Uhr bis nach der Abendmesse um 18 Uhr

23 Dublins chinesisches Viertel ★ [I4]

Biegt man bei der Statue von Charles Stewart Parnell rechts in die Parnell Street ein, gelangt man in Dublins kleines chinesisches Viertel, wo man neben einem chinesischen Supermarkt vor allem zahlreiche chinesische, aber auch koreanische, japanische und vietnamesische Restaurants findet.

Viele der in Dublin lebenden Chinesen sind Studenten, doch auch die anderen in Dublin ansässigen Chinesen, viele Touristen aus dem Reich der Mitte und kulinarisch oder generell an China interessierte Dubliner kommen in dieses Viertel.

Auch alteingesessene Geschäfte haben sich auf die neue Kundschaft eingestellt. So werden in der lokalen Filiale der Dubliner Metzgereikette FX Buckley für Irland eher unübliche Fleischstücke wie Schweineohren und Hühnerfüße verkauft. Teils gibt es chinesische Schilder in der Auslage und auch besondere Angebote zu Anlässen wie dem chinesischen Neujahr.

Viele Dubliner bezeichnen diese Gegend als **China Town**, aber eine offizielle Anerkennung als chinesisches Viertel steht noch aus. Eine solche könnte zum Bau eines chinesischen Torbogens führen, wie man ihn in vergleichbaren Vierteln in anderen Städten sieht. Einerseits wird argumentiert, dass eine offizielle Anerkennung mehr Touristen und auch Dubliner anlocken könnte, andererseits wird davor gewarnt, die Gegend, in der z. B. auch schon lange Afrikaner leben und Geschäfte haben, fest einer ethnischen Gruppe zuzuschreiben.

› www.chinatowndublin.com

24 Garden of Remembrance ★ [H4]

1966, am 50. Jahrestag des Osteraufstands, eröffnete der damalige Präsident Éamon de Valera den Garden of Remembrance („Gedenkgarten"). Er soll nicht nur an die ums Leben gekommenen Widerstandskämpfer von 1916, sondern auch an die in allen anderen Konflikten gegen die frühere englische und britische Staatsmacht Gefallenen erinnern.

Im Zentrum des Gartens befindet sich ein **Wasserbecken in Form eines christlichen Kreuzes**, dessen Boden ein Mosaik ist, das blaue Wellen sowie altertümliche Waffen wie ein Schwert und einen zerbrochenen Speer zeigt. Sie sollen an eine vorchristliche Tradi-

tion erinnern, als nach einem Konflikt die Waffen in ein Gewässer geworfen wurden, und so das Ende der Kriege gegen Großbritannien symbolisieren.

Am Ende des Gedenkgartens steht seit 1971 die Skulptur **„The Children of Lir“** des Künstlers Oisín Kelly, die eine altirische Sage thematisiert, in der eine eifersüchtige Stiefmutter, die Frau des Königs Lir, dessen vier Kinder verwünscht, sodass sie 900 Jahre lang zu Schwänen werden. Die Skulptur symbolisiert Revolutionen und den plötzlichen und raschen Wandel, den Menschen durch bedeutende Ereignisse erleben können.

› Parnell Square East, Rotunda, D01 A0F8, geöffnet: April–Sept. 8.30–18, Okt.–März 9.30–16 Uhr, Eintritt: frei

25 The Four Courts ★ [G6]

Die obersten Gerichte der Republik Irland befinden sich im zwischen 1786 und 1802 erbauten Gebäude Four Courts. Ursprünglich waren hier vier Gerichte untergebracht und der Name blieb nach der Neugestaltung des irischen Gerichtswesens im 19. Jh. bestehen.

Die Four Courts waren 1922 einer der Hauptschauplätze des Irischen Bürgerkriegs (s. S. 102), als sich **IRA-Truppen**, die den Friedensvertrag mit den Briten ablehnten, hier verschanzten. Die neu gegründete irische Armee, deren Soldaten kurz vorher oft noch selbst der IRA angehört hatten, griffen das Gebäude mit britischer Unterstützung an und es kam zu einwöchigen Kämpfen, bei denen das Gebäude stark in Mitleidenschaft gezogen wurde. Das mit bis ins 12. Jh. zurückreichenden Akten bestückte Staatsarchiv brannte aus. 1932 wurden die Four Courts wiedereröffnet.

Zwar ist das sehenswerte Gebäude nicht auf Touristen eingestellt, aber man kann in den öffentlich zugänglichen Bereichen der Four Courts herumlaufen und begegnet dabei vielleicht, wie in Rechtssystemen britischer Tradition üblich, Anwälten mit Perücken.

› Inns Quay, D07 N972, geöffnet: Mo.–Fr. 9–18 Uhr

Der Garden of Remembrance mit seinem kreuzförmigen Wasserbecken

26 St Michan's Church ★★ [G6]

Diese heute anglikanische Kirche wurde ursprünglich 1095 von den Wikingern gegründet. Das derzeitige Kirchengebäude entstand 1686. Die Hauptattraktionen sind die mumifizierten Körper im Gewölbe, in das man über eine enge Steintreppe gelangt und das man im Rahmen einer recht unterhaltsamen Führung besichtigen kann.

In den **Grabkammern** bestatteten einflussreiche Dubliner Familien vom 17. bis ins 19. Jh. ihre Verstorbenen. Öffentliche Führungen werden seit den 1930er-Jahren angeboten. Zu den Mumifizierungen kam es in der trockenen Krypta mit Kalksteinwänden auf natürliche Weise. Viele der Särge sind mittlerweile, anders als die Körper, zerfallen.

Am makabersten ist ein Raum mit vier Verstorbenen: Einer ist der „Kreuzfahrer" *(Crusader)*, dessen Leiche wohl deshalb die Füße abgehackt wurden, damit er in den Sarg passte. Allerdings ist er erst vor knapp 700 Jahren verstorben und kommt somit als Veteran der Kreuzzüge nicht in Frage. Zudem befindet sich hier der „Dieb", dem – so eine Vermutung – Hände und Füße als Strafe abgehackt wurden, die „Nonne" und die „Unbekannte".

Auch die Totenmaske von Wolfe Tone, einem Anführer der United Irishmen, und die sterblichen Überreste der Sheares-Brüder, zweier Dubliner Anführer des von den United Irishmen entfachten Aufstandes von 1798, sind zu sehen.

Zweimal drangen Vandalen in die Kirche ein und störten die Totenruhe: 1996 spielten jugendliche Einbrecher mit Köpfen Fußball und 2019 bewegte ein 36-Jähriger mehrere der Leichen und stahl den Kopf des Kreuzfahrers. Dieser konnte zum Glück von der Polizei sichergestellt werden.

Gern erwähnt man in der Kirche einige Legenden, deren Wahrheitsgehalt nicht geklärt ist: So soll der Dubliner Autor **Bram Stoker** die Gruft besucht haben und so vielleicht für seinen Roman „Dracula" inspiriert worden sein. **Georg Friedrich Händel** (s. S. 106) könnte an der Orgel, die sich seit 1724 hier befindet, sein Oratorium „Messias" komponiert oder dieses zumindest an ihr geübt haben.

› Church Street, D07 FX92, Tel. 01 8724154, geöffnet: Mitte März–Okt. Mo.–Fr. 10–12.45 und 14–16.45, Sa. 10–12.45 Uhr, Nov.–Mitte März Mo.–Fr. 12.30–15.30, Sa. 10–12.45 Uhr, Eintritt: Kirche frei, Krypta-Tour (Mo.–Sa.) 7 €

27 Jameson Distillery Bow Street ★★★ [F6]

Diese ehemalige Whiskey-Brennerei ist eine der beliebtesten Touristenattraktionen Dublins und gleich dreimal infolge, von 2018 bis 2020, ernannten die „World Travel Awards" die Führung zur weltweit besten Brennerei-Tour.

Gegründet wurde die Brennerei 1780 als **Bow Street Distillery** und war bis 1971 in Dublin in Betrieb. Anfang des 19. Jh. war die Firma der zweitgrößte Whiskeyproduzent Irlands und einer der größten der Welt. 1966, nachdem es für das irische Whiskeygeschäft schwierig geworden war, schloss sich Jameson mit anderen Brennereien zur **Irish Distillers Group** zusammen. 1971 wurde die Produktion in Dublin eingestellt und nach Midleton im County Cork verlegt, wo bis heute die meisten Whiskeys in Irland gebrannt werden.

022du-kf

Seit 1997 ist die ehemalige Brennerei in der Bow Street, in der heute nur noch Whiskey gelagert wird, ein **Museum**. 2016 wurde es noch einmal gründlich renoviert. Auf dem Kamin der Brennerei sieht man noch eine ehemalige zweigeschossige, verglaste Aussichtsplattform, die bei Touristen sehr populär war, aber im Zuge der Renovierungsarbeiten wegen Baufälligkeit geschlossen werden musste.

Heute kann man bei der **„Bow Street Experience“** alles über die Geschichte und den Herstellungsprozess von Whiskey erfahren. Man kann die Produkte der einzelnen Herstellungsstufen anfassen und „erschnüffeln“, z. B. ungemälzte und gemälzte Gerste riechen, bzw. Letztere sogar probieren. Außerdem bekommt man den Farbunterschied von einfach, zweifach und dreifach destilliertem Whiskey zu sehen und kann verschiedene Whiskeyarten riechen. Am Schluss kann man außer einem Jameson zum Vergleich auch einen schottischen und einen amerikanischen Whiskey probieren und bekommt einen Gutschein für einen weiteren Whiskey, den man nach Abschluss der Tour in der Bar einlösen kann.

› Bow Street, Smithfield Village, D07 V57C, Tel. 01 8072355, www.jamesonwhiskey.com, geöffnet: So.–Do. 10–19, Fr., Sa. 10–20 Uhr, Eintritt (Bow Street Experience): Erwachsene 30 €, ermäßigt 27 €, Kinder (13–17 Jahre) 12 €

MEIN TIPP

Der Spion, der aus der Kälte kam

Der klassische Spionagethriller **„Der Spion, der aus der Kälte kam“** (The Spy Who Came In From The Cold) mit Richard Burton und Liz Taylor aus dem Jahr 1966 spielt zwar in Berlin, Checkpoint Charlie wurde aber für den Film auf dem Kopfsteinpflaster des **Smithfield Square** nachgebaut – und zwar vor dem heutigen Generator Hostel, neben der Jameson's Distillery 27. Es lohnt sich also, den Film vor oder nach dem Dublinbesuch einmal anzuschauen.

In der Jameson Distillery Bow Street wird heute zwar kein Whiskey mehr gebrannt, eine Führung ist aber dennoch lohnenswert

Die Docklands

Die Docklands sind eines der modernsten Viertel Dublins, in dem man den Innovationsgeist und die zukunftsorientierte Stimmung, die in der Stadt herrscht, spüren kann. Hier findet man die größte Ansammlung moderner Architektur und das Zentrum des kreativen und technologieorientierten Dublin.

28 Custom House ★ [J6]

Das Custom House ist eines der markantesten Gebäude der Stadt und wurde zwischen 1781 und 1791 als Zollamt im klassizistischen Stil vorwiegend aus Portland-Stein errichtet.

Der Bau, der von John Beresford, dem Beauftragten für Staatseinkünfte, in Auftrag gegeben wurde, war das erste große Projekt für den Architekten **James Gandon**, der später mit Arbeiten am Parlamentsgebäude 9 und an den Four Courts 25 weiter das Bild der Stadt prägte. Das Projekt war damals sehr umstritten, nicht zuletzt, weil es schließlich die für damalige Verhältnisse ungeheure Summe von 200.000 Pfund verschlang.

034du-kf

Im **Irischen Bürgerkrieg** wurde das Gebäude am 25. Mai 1921 von der IRA angegriffen, brannte von innen völlig aus und die Kuppel stürzte ein. Dies war nicht nur ein Verlust an Architektur, da das Custom House mittlerweile nicht mehr als Zollamt, sondern als Sitz der Kommunalverwaltung genutzt wurde: Wichtige historische Aufzeichnungen und Kirchenbücher gingen so verloren.

Nach dem Bürgerkrieg wurde das Gebäude wieder aufgebaut. Die **Kuppel** ist heute allerdings deutlich dunkler, da sie aus irischem Ardbraccan-Kalkstein gebaut wurde. Man wollte die irische Wirtschaft stärken und nicht den Originalstein aus England importieren.

In den Außenanlagen findet sich eine Statue des Bildhauers **Yann Renard Goulet** von 1956 (Hibernia, die Personifizierung Irlands, mit einem Gefallenen), die an den Kampf um das Custom House im Bürgerkrieg erinnern soll. Eine **Ausstellung zur Geschichte des Hauses** rundet den Besuch ab.

› Custom House Quay/Memorial Road, D01 W6X0, geöffnet: tägl. 9.45–17.30 Uhr, Eintritt (ohne/mit Führung): Erwachsene 6 €/8 €, Senioren 5 €/6 €, Kinder und Studenten 3 €/4 €, Familien 15 €/20 €, kostenlose Audioguides verfügbar

Im EPIC geht es um die irischen Auswanderer

Das Famine Memorial mit Blumenschmuck

033du-kf

29 Famine Memorial ★★ [K6]

Am Custom House Quay entlang stößt man auf eine moderne Skulptur, die an die große Hungersnot von 1845 bis 1849 erinnert.

Die **Bronzeskulptur** besteht aus fünf hageren, ausgemergelten Gestalten in zerlumpten Kleidern und einem Hund, die sich das Flussufer entlangschleppen und denen die Verzweiflung ins Gesicht geschrieben steht. Die **Hungersnot Mitte des 19. Jahrhunderts** wurde durch wiederholte Missernten der Hauptnahrungsquelle des Landes, der Kartoffel, ausgelöst. Hunderttausende Menschen starben und etwa 1,5 Millionen emigrierten, um dem Hunger und der Armut zu entfliehen.

Die Stelle, an der das 1997 vom Dubliner Bildhauer **Rowan Gillespie** geschaffene Kunstwerk steht, ist besonders bedeutsam, da an St Patrick's Day 1846 von hier eines der ersten Emigrantenschiffe der Hungersnotzeit, die „Perseverance", nach Amerika auslief.

› Custom House Quay, D01 Y6C3

30 EPIC – The Irish Emigration Museum ★★★ [K5]

Dieses Museum, das der irischen Auswanderung und dem Einfluss irischstämmiger Emigranten in der Welt gewidmet ist, ist eine der neuesten Attraktionen Dublins.

2016 gegründet und 2019 von World Travel Awards zur besten Touristenattraktion Europas gekürt, kann man in diesem Museum die irische Auswanderungsgeschichte in einer **interaktiven Ausstellung** erleben. Der erste Teil konzentriert sich auf die Gründe für die Auswanderung und zeigt diese vor allem anhand persönlicher Einzelschicksale. Briefe von Emigranten, Fotos, Zeitzeugenberichte und andere historische Dokumente bringen den Besuchern diesen wichtigen Aspekt der irischen Geschichte näher. Der zweite, größere Teil des Museums konzentriert sich auf den Einfluss, den irische Emigranten und ihre Nachfahren im Rest der Welt hatten. Hier werden Politiker (z. B. John F. Kennedy), Schriftsteller, Persönlichkeiten aus dem Sport oder

Musiker wie die auch im deutschsprachigen Raum bekannte Kelly Family vorgestellt. Die Ausstellung ist interessant, hat aber Besucher mit irischen Wurzeln als Hauptzielgruppe und beschränkt sich vor allem auf Erfolgsgeschichten. Informationen über den soziohistorischen Hintergrund und die oft schwierigen Lebensbedingungen der Emigranten in der neuen Heimat sind rar und das neuere Phänomen der Einwanderung nach Irland wird nicht thematisiert.

Sehr sehenswert ist auch das **Gebäude**, in dem das Museum untergebracht ist. Die denkmalgeschützte Halle wurde 1820 ursprünglich als **Tabak- und Teelager** vom schottischen Architekten **John Rennie** gebaut. Die damals revolutionäre Stahlkonstruktion – ähnliche Hallen waren normalerweise aus Holz – kann man heute noch gut in der Hauptachse des Baus sehen, die viele **Cafés** und **Restaurants** beherbergt.

› CHQ, Custom House Quay, D01 R9Y0, Tel. 01 9060861, www.epicchq.com, geöffnet: tägl. 10–18.45 Uhr (letzter Einlass 17 Uhr), Eintritt (online/vor Ort): Erwachsene 19,50/22 €, ermäßigt 17–17,50/19–19,50 €, Kinder (13–17 Jahre) 13/14,50 €, Kinder (6–12 Jahre) 10/11 €, Familien 26–49/29–54 €, Audioguides (auch auf Deutsch) 2 € oder kostenlos als App („EPIC The Irish Emigration Museum", Android/iOS), Kombiticket mit Jeanie Johnston Tall Ship and Famine Museum 31 erhältlich

023du-kf

31 Jeanie Johnston Tall Ship and Famine Museum ★★★ [L6]

Ein paar Gehminuten vom Custom House liegt die Jeanie Johnston vor Anker, der Nachbau eines Dreimasters aus dem 19. Jahrhundert. Das Originalschiff beförderte zwischen 1847 und 1855 nach der „Großen Hungersnot" in Irland zahlreiche Auswanderer unter spartanischen Bedingungen nach Nordamerika, wo sie auf ein neues, besseres Leben hofften.

Das Schiff kann im Rahmen einer **Führung** besichtigt werden, bei der man nicht nur einen guten Eindruck von den **Lebensbedingungen an Bord** bekommt, sondern auch etwas über **den Hintergrund der Auswanderung** und einige Einzelschicksale erfährt. Besonders deutlich werden die Zustände auf solchen Auswandererschiffen, wenn man sich vor Augen hält, dass das Originalschiff zeitweise bis zu über 250 Menschen an Bord hatte, der Nachbau heute aber nur für 40 Personen zugelassen ist.

Die Jeanie Johnston war nach ihrer Konstruktion im Jahr 2000 durchaus seegängig und machte 2003 z. B. eine lange Reise über den Atlan-

◁ *Die Jeanie Johnston liegt vor dem National Convention Centre vor Anker*

024du-kf

Moderne Architektur: *die Samuel Beckett Bridge* 33

tik nach Kanada und in die USA. Danach wurde sie sowohl als Ausflugs- als auch als Trainingsschiff benutzt. Seit 2008 liegt sie in Dublin vor Anker und ist jetzt eine der Hauptattraktionen der Stadt.

› Custom House Quay, North Dock, D01 KX44, Tel. 01 4730111, www.jeaniejohnston.ie, geöffnet: tägl. 9.30–17.15 Uhr, Führungen Apr.–Okt. tägl. 10–16.30 Uhr, Nov.–März tägl. 11–15 Uhr, Führung: Erwachsene 14 €, ermäßigt 12 €, Kinder (6–12 Jahre) 8,50 €, Familien 31–37 €, Kombitickets mit EPIC 30 erhältlich

32 National Convention Centre ★ [M6]

Das National Convention Centre ist ein markantes, modernes Gebäude im Herzen der Docklands.

Von dem irischstämmigen amerikanischen Architekten **Kevin Roche** entworfen, ist das Convention Centre in vielerlei Hinsicht bahnbrechend. Viele Kurven und der besonders ins Auge fallende, in die Fassade eingelassene Glaszylinder zeigen die eigenwillige und **ungewöhnliche Architektur und Formgebung.** Zudem ist das Convention Centre auch, was **nachhaltige Bauweise** angeht, innovativ: Es war das erste CO2-neutrale Konferenzzentrum der Welt. Außerdem hat es einen umweltfreundlichen Rotationswärmeübertrager und einen Eis-Energiespeicher für die Klimaanlage.

Das National Convention Centre beherbergt verschiedene Messen und Zusammenkünfte und hat 2019 bei den M&IT Industry Awards den Preis in Gold für das beste ausländische Konferenzzentrum gewonnen. Das Gebäude ist für Architekturliebhaber auf jeden Fall einen Besuch wert, allerdings ist es nicht öffentlich zugänglich. Man kann aber bis in den Eingangsbereich, der in dem **Glaszylinder** liegt, gelangen. An sonnigen Tagen ist dieser lichtdurchflutet und besonders im Dunkeln ist die Beleuchtung des Zylinders weithin sichtbar.

› Spencer Dock, N Wall Quay, North Wall, D01 T1W6, geöffnet (Rezeption): Mo.–Do. 8.30–17 Uhr, Fr. 8.30–16.30 Uhr

33 Samuel Beckett Bridge ★ [M6]

Genau gegenüber des National Convention Centre ist diese Brücke ein weiteres modernes Wahrzeichen der Stadt geworden.

Wie eine weiße Harfe überspannt seit Dezember 2009 die nach dem irischen Schriftsteller Samuel Beckett benannte Brücke den Fluss Liffey. Die von dem spanischen Architekten **Santiago Calatrava** entworfene **Schrägseilbrücke** ist 128 m lang, 48 m hoch und lastet auf einem drehbaren Brückenlager. Dadurch kann sie zur Seite geschwenkt werden, wenn ein größeres Schiff Durchfahrt benötigt.

› Sir John Rogerson's Quay, D15 X3DY

34 Diving Bell ★ [M6]

Eine Kuriosität ist diese orangerote Taucherglocke, die am südlichen Ufer des Liffey steht.

Das 90 Tonnen schwere Gerät wurde 1862 von dem Hafeningenieur **Bindon Blood Stoney** entworfen, um die **Aushebung des Flussbetts** zur Verbesserung der Schiffsanlegestellen einfacher zu machen. Fast 90 Jahre war die Glocke in Betrieb und wäre Ende der 1950er-Jahre fast verschrottet worden, hätte eine Bürgerinitiative sie nicht davor bewahrt. Heute kann man sich die Konstruktion auch von unten ansehen, da sie auf einen Durchgang mit Infotafeln angehoben wurde.

› Sir John Rogerson's Quay, D02 KV60

35 Bord Gáis Energy Theatre ★★ [M7]

Dieser grandiose Bau mit seinen dominanten diagonalen Linien und der Glasfassade beherbergt mit 2111 Sitzen das größte Theater Irlands.

Der bekannte Architekt **Daniel Libeskind**, zu dessen Werken unter anderem auch das Jüdische Museum in Berlin gehören, entwarf dieses Theater, das 2010 als Grand Canal Theatre eröffnete und 2012 umbenannt wurde. Hier finden große Musicalproduktionen, Ballettaufführungen und Konzerte statt, aber man kann auch irische Inszenierungen sehen.

› Grand Canal Square, D02 PA03, Tel. 01 6777999, www.bordgaisenergytheatre.ie

⌄ *Die moderne Fassade des Bord Gáis Energy Theatre*

Außerhalb des Stadtzentrums

Westlich der Innenstadt gibt es sowohl nördlich als auch südlich des Flusses noch einige Sehenswürdigkeiten, die man nicht verpassen sollte. Sie können gut mit der Luas oder mit dem Bus erreicht werden.

36 National Museum of Ireland – Decorative Arts & History (Collins Barracks) ★★★ [E6]

In einer ehemaligen, im frühen 18. Jh. erbauten Kaserne befindet sich die auf Dekorative Kunst und Militärgeschichte spezialisierte Abteilung des irischen Nationalmuseums.

Das imposante Museumsgebäude wurde 1704 als **britische Militärkaserne** erbaut. Sie beendete die bis dahin übliche Einquartierung von Soldaten in Privathaushalten und soll die größte Kaserne Europas gewesen sein. Nach der Unabhängigkeit 1922 wurde sie nach **Michael Collins**, einem der Anführer im Unabhängigkeitskrieg, benannt. Seit 1997 befindet sich hier der Verwaltungssitz und eine der Abteilungen des 1877 gegründeten **Irischen Nationalmuseums**, das drei Häuser in Dublin und eins in County Mayo betreibt.

Im Museum sind viele Gegenstände zu sehen, die als **Gebrauchskunst** bezeichnet werden können, von Möbeln über Keramik und Glas bis zu Dingen aus der ländlichen Volkskultur. Der irischen Innenarchitektin **Eileen Gray** ist eine eigene Ausstellung gewidmet. Andere sehenswerte Ausstellungen beschäftigen sich mit der Geschichte des Handwerks der **Silberschmiede** in Irland seit dem frühen 17. Jh. und den wechselnden Kleidungsgewohnheiten und **Moden** von den 1760er- bis in die 1960er-Jahre.

Daneben wird in einer **Dauerausstellung** („Soldiers and Chiefs") der **Rolle von irischen Soldaten von 1550 bis heute** nachgegangen. Seit 2016 gibt es hier auch eine sehenswerte Ausstellung zum Osteraufstand von 1916, die das Museum im General Post Office 21 gut ergänzt. Auch der Irische Unabhängigkeitskrieg (s. S. 101), der zur Gründung des irischen Freistaats führte, wird hier anschaulich erklärt.

Für deutschsprachige Besucher gibt es Infozettel, die bei der Orientierung helfen. Das Café im Kasernenhof bietet sich für eine Pause an.

› Collins Barracks, Benburb Street, D07 XKV4, Tel. 01 6777444, www.museum.ie/Decorative-Arts-History, geöffnet: Di.–Sa. 10–17 Uhr, So. und Mo. 13–17 Uhr, Eintritt: frei

Die Collins Barracks beherbergen die Abteilung Decorative Arts & History des Nationalmuseums

37 Phoenix Park ★ [B5]

Westlich der Innenstadt befindet sich mit 707 km² Fläche einer der größten Stadtparks Europas. Das von einer 11 km langen Mauer umgebene Gelände gehörte im Mittelalter einem Kloster, aber nach dem Zerwürfnis der katholischen Kirche mit König Henry VIII. Mitte des 16. Jahrhunderts wurde es enteignet. Im 17. Jahrhundert diente das Areal als Jagdgrund für den Adel und auf diese Zeit geht die Damhirschherde zurück, auf die Besucher hier treffen.

Im Zentrum des Parks steht das 1747 errichtete **Phoenix Monument,** eine korinthische Säule, auf deren Spitze der Phönix der antiken Mythologie dargestellt ist. Dieser geht am Ende seines langen Lebens in Flammen auf und entsteigt dann wieder seiner Asche. Dieses Fabelwesen gibt dem Park scheinbar seinen Namen. Allerdings wird angenommen, dass es sich dabei eher um eine fehlerhafte Wiedergabe des ursprünglichen irisch-gälischen Namens *Fionnuisce* (= „Klarwasser", Aussprache etwa „fwjinnischke") handelt. Er bezieht sich auf eine **Quelle,** die sich heute auf dem Gelände des im Park gelegenen **Präsidentensitzes** befindet.

Das Gebäude wurde vom ersten Parkaufseher Nathaniel Clements 1754 gebaut und diente später als Sommerresidenz des Lord Lieutenant, des Chefs der britischen Verwaltung in Irland. 1938 wurde es zum Sitz des irischen Staatsoberhaupts und trägt seitdem den Namen **Áras an Uachtaráin** (Irisch-Gälisch „Sitz des Präsidenten", Aussprache etwa „arres enn uachterenn", s. S. 28). Voraussichtlich noch bis 2025 befindet sich der ehemalige Vorsitzende der mittelinks stehenden Labour Party, Michael D. Higgins, im Amt, der 2018 für eine zweite Amtsperiode wiedergewählt wurde. Samstags ist das Gebäude für die Öffentlichkeit zugänglich. Karten für die **kostenlosen Führungen** bekommt man am gleichen Tag (solange der Vorrat reicht) im Besucherzentrum des Parks.

Unweit von Áras an Uachtaráin befindet sich **Deerfield,** ein georgianisches Herrenhaus aus dem 18. Jahrhundert, das seit der Unabhängigkeit Irlands die Residenz des amerikanischen Botschafters ist. Weitere Sehenswürdigkeiten im Park sind das 27 m hohe stählerne **Papstkreuz,** das an der Stelle steht, an der Papst Johannes Paul II. 1979 während seines sehr erfolgreichen Irlandbesuchs eine Messe für eine Million Gläubige hielt, was damals einem Viertel der Bevölkerung der Republik entsprach. Von solchen Zahlen konnte Papst Franziskus beim nächsten Papstbesuch 2018 nur träumen.

Ein Überbleibsel aus britischen Zeiten ist das 63 m hohe **Wellington Monument,** ein Obelisk, der 1817 aufgestellt wurde und an den britischen Kriegshelden Arthur Wellesley, den in Irland geborenen ersten Herzog von Wellington, erinnert. Dieser hatte 1815 in der Schlacht von Wellington im heutigen Belgien die Truppen von Napoleon Bonaparte besiegt, was zum Ende des französischen Kaiserreichs führte. Die vier Bronzeplatten auf dem Obelisken wurden aus französischen Kanonen gegossen, die man bei der Schlacht erbeutete. Drei von ihnen stellen Szenen aus dem Leben des Herzogs von Wellington dar, die vierte hat eine Inschrift mit einem Gedicht auf Latein und Englisch, das dem britischen Kriegshelden huldigt.

Beim Eingang Park Gate findet man auch den **People's Garden,** einen viktorianischen Garten mit Spielplatz, Picknickwiese und Zierteichen. Eine Statue stellt **Séan Heuston** dar, einen der Anführer des Osteraufstands, der am 8. Mai 1916 in Kilmainham Gaol 39 durch Erschießen hingerichtet wurde. Gleich hinter dem „Volksgarten" beginnt das Gelände des **Dubliner Zoos,** der 1830 gegründet wurde und einer der ältesten zoologischen Gärten der Welt ist.

Im **Besucherzentrum** (Visitor Centre) gibt es eine Ausstellung zur Geschichte, Flora und Fauna des Phoenix Park. Es befindet sich in dem restaurierten Stadthaus **Ashtown Castle** aus dem 17. Jahrhundert, in dem auch Führungen angeboten werden, für die man sich im Visitor Centre anmelden muss. Es gibt außerdem einen öffentlich zugänglichen, ummauerten viktorianischen Küchengarten („Walled Garden") und an der Westseite des Parks ein **Biodiversity Centre** mit einem Feuchtbiotop, einem Waldgebiet und Wildblumenwiesen.

› Park Gate, Conyngham Road, D08 N6KX; Castleknock Gate, D15 Y79X, geöffnet: tägl. rund um die Uhr

i 3 **Phoenix Park Visitor Centre,** Ashtown Castle, Nunciature Road, D08 X6X3, Tel. 01 6770095, www.phoenixpark.ie, geöffnet: Jan.–März Mi.–So. 9.30–18 Uhr, April–Dez. tägl. 9.30–18 Uhr, Führungen im Ashtown Castle tägl. 10.30, 12, 13.30, 15 and 16.30 Uhr, Eintritt: frei. Die Gärtner des Parks stehen im Walled Garden jeden zweiten Sa. im Monat zwischen 10.30 und 12.30 Uhr für Fragen zur Verfügung.

★4 **Áras an Uachtaráin,** Phoenix Park, D08E1W3, Tel. 01 6171000, www.president.ie, Führungen 10.15–16 Uhr (Sommer) bzw. 10.30–15.30 Uhr (Winter). Kostenlose Eintrittskarten erhält man im Phoenix Park Visitor Centre.

★5 **Biodiversity Centre**, Knockmaroon, D20 A402, Tel. 01 6770095, Touren Mi.–Sa. 10.30, 12, 14 und 15.30 Uhr, Eintritt: frei

★6 [A4] **Dublin Zoo,** Zoo Road, D08 WF88, Tel. 01 4748900, www.dublinzoo.ie, geöffnet: März–Sept. tägl. 9–18, Okt.–Jan. tägl. 9–16, Febr. tägl. 9–17 Uhr, Eintritt: Erwachsene 22,50 €, Kinder (3–15 Jahre) 17 €, ermäßigt 7,25–17,50 €, Familien 64–72 € (online und im Voraus günstiger)

38 Irish Museum of Modern Art (IMMA) ★★ [B7]

Wer moderne Kunst mag, sollte auf jeden Fall im IMMA vorbeischauen, das seit 1991 seine Heimat im klassizistischen Royal Hospital Kilmainham hat.

Es handelte sich beim Royal Hospital nicht um ein Krankenhaus, denn der englische Begriff *hospital* hatte im 17. Jahrhundert, als dieses **Altersheim für Invaliden der britischen Armee** gebaut wurde, eine weiterreichende Bedeutung. Bis 1928 lebten hier pensionierte Soldaten. Danach verfiel das Gebäude ein halbes Jahrhundert lang, bis man es in den 1980er-Jahren renovierte und im Jahr 1991 das neugeschaffene Irische Museum für moderne Kunst hier einzog. Zu sehen sind in wechselnden Ausstellungen vor allem die **Arbeiten zeitgenössischer irischer Künstler.** Interessant sind außerdem die formell angelegten Gärten, die zu den Öffnungszeiten frei zugänglich sind.

› Royal Hospital Kilmainham, D08 FW31, Tel. 01 6129900, www.imma.ie, geöffnet: Di., Do.–Sa. 10–17.30, Mi. 11.30–17.30, So. 12–17.30 Uhr, Eintritt: frei, Sonderausstellungen 8 €/5 €, Kinder und Studierende frei

39 Kilmainham Gaol ★★★ [A7]

Das 1796 eröffnete Gefängnis in Kilmainham war bis 1924 in Betrieb. Viele irische Nationalisten, auch die meisten Anführer des Osteraufstands von 1916, waren hier inhaftiert und einige fanden hier ihren Tod. Die Mehrheit der Häftlinge saß allerdings nicht aus politischen Gründen ein. „Gaol" ist die irisch-britische Schreibweise des heute in Amerika gebräuchlichen Wortes „jail" (Gefängnis).

In der **Anfangszeit** des 1796 eröffneten Gefängnisses teilten sich fünf Gefangene, oft nicht nach Geschlecht oder nach Erwachsenen und Kindern getrennt, eine Zelle, die nur durch eine Kerze beleuchtet wurde. Meist verbrachten die Sträflinge ihre Zeit in Kälte und Dunkelheit. Sanitäre Einrichtungen erschöpften sich in Töpfen für die Notdurft.

026du-kf

Mitte des 19. Jh. wurde der Ostflügel neu erbaut und der Gefängnisalltag dort wurde nun etwas humaner. So war z. B. durch Oberlichter dieser Bereich des Gefängnisses heller. Aber nur Männer kamen in den Genuss dieser Neuerung, Frauen mussten zunächst weiterhin mit den alten Zellen vorliebnehmen.

1910 wurde das Gefängnis von Kilmainham zunächst geschlossen und dann nach Ausbruch des Ersten Weltkriegs von der britischen Armee als **Militärgefängnis** geführt. Vierzehn der Anführer des **Osteraufstands** von 1916 wurden zwischen dem 3. und 12. Mai im Gefängnishof erschossen. Während des **Irischen Unabhängigkeitskriegs** von 1919 bis 1921 inhaftierte die britische Armee hier irische Republikaner und im folgenden Irischen Bürgerkrieg (1921–1922) die neue irische Armee die Gegner des Abkommens mit den Briten. Einer der letzten Häftlinge war der spätere Taoiseach (Regierungschef) und Präsident **Éamon de Valera.**

Das Museum kann man bei einstündigen **Führungen** besichtigen.

› Inchicore Road, D08 RK28., Tel. 01 4535984, http://kilmainhamgaolmuseum.ie, geöffnet: tägl. 9.30–17.15, Juli und Aug. bis 17.45 Uhr, Eintritt (Vorbuchung online erforderlich): Erwachsene 8 €, ermäßigt 4/6 €, Kinder (12–17 Jahre) 4 €, Familien 20 €

Blick ins Innere des Kilmainham Gaol

Dún Laoghaire 41 ist einen Ausflug wert

Entdeckungen außerhalb der Stadt

Auch im unmittelbaren Umfeld von Dublin gibt es viel zu entdecken. Viele der Orte in der Umgebung sind schon fast mit der Stadt verwachsen und lassen sich gut mit öffentlichen Verkehrsmitteln erreichen. Die vier vorgeschlagenen Ausflugsziele liegen sowohl nördlich als auch südlich der Stadt an der Bucht von Dublin. Die beiden kleinen Vororte Sandycove und Dún Laoghaire südlich der Stadt sind bei Dublinern für einen Tagesausflug beliebt. Besonders der Strand in Sandycove zieht im Sommer Familien zum Baden an, da er relativ geschützt liegt.

40 Sandycove mit James Joyce Tower and Museum ★★

Bei Touristen ist Sandycove vor allem wegen des **James-Joyce-Museums** bekannt. Es liegt am südlichen Rand des Ortes in einem alten Martello-Turm, einer kleinen runden Befestigung, die während der Napoleonischen Kriege entstand. Berühmtheit erlangte das Gebäude, da James Joyce sich hier 1904 sechs Nächte bei einem Freund einquartierte und den Turm in seinem Roman „Ulysses" verewigte. Allerdings hat der bekannte irische Schriftsteller hier nie längere Zeit gelebt. Heute findet man in dem kleinen Museum eine interessante Sammlung über Joyce und seinen Aufenthalt. Besonders lohnend ist der Ausblick vom Dach des Turms.

Sehenswert ist auch die traditionelle **Badestelle Forty Foot.** Der felsige Küstenvorsprung gleich hinter dem James-Joyce-Museum, wo eine Treppe in das (oft sehr) kühle Nass führt, war lange Zeit ausschließlich Männern vorbehalten und Teil eines Herrenbadeclubs. Heutzutage baden hier aber Frauen, Männer und Kinder. Das traditionelle Weihnachtsschwimmen, das jedes Jahr am ersten Weihnachtsfeiertag stattfindet, ist wohl eher etwas für Hartgesottene.

› DART bis Sandycove-Glasthule oder Bus Nr. 7 bis Gleanageary Road Lower (Stop 3202) und von dort 18 Minuten zu Fuß
› **James Joyce Tower and Museum,** Sandycove Point, Dún Laoghaire, A96 FX33, Tel. 01 2809265, www.joycetower.ie, geöffnet: Sommer tägl. 10–18 Uhr, Winter tägl. 10–16 Uhr, Eintritt: frei

41 Dún Laoghaire mit National Maritime Museum of Ireland ★★

Die Stadt Dún Laoghaire war lange Zeit eher ein Durchgangsort für Reisende, da es eine beliebte Fähr-

027du-kf

verbindung nach Holyhead in Wales gab. Seit die Route 2015 eingestellt und der Fährhafen geschlossen wurde, verirren sich eher wenige Touristen hierher. Trotzdem sollte man Dún Laoghaire nicht übersehen.

Einen Besuch wert ist das **National Maritime Museum of Ireland,** das in einer ehemaligen Seefahrerkirche untergebracht ist. Hier erfährt man alles über Schiffe und Seefahrt. Wenn man das Gebäude betritt, wird man von einem fröhlichen Sammelsurium an Artefakten, Ausstellungstafeln und architektonischen Kuriositäten begrüßt. Am besten lässt man sich von der eigenen Neugier leiten und erkundet das Museum kreuz und quer.

Ebenfalls zu empfehlen ist der sonntägliche **Markt im People's Park** am südlichen Rand des Orts – wohl einer der besten in der Gegend. An über 50 Ständen kann man in dem historischen Park verschiedenste Köstlichkeiten aus aller Welt, Obst und Gemüse, aber auch Kunsthandwerk kaufen. Der Mark ist sehr beliebt und es kann voll werden, was aber zur quirligen Atmosphäre beiträgt. Es gibt auch ein kleines Café und viele Bänke, auf denen man sich mit einem kleinen Imbiss niederlassen kann.

› DART bis Dún Laoghaire oder Bus Nr. 7, 7a, 8, 45a, 46a, 59, 75 und 111 bis Dún Laoghaire

› **National Maritime Museum of Ireland,** Haigh Terrace, Dún Laoghaire, Co. Dublin, A96 C8X7, Tel. 01 2800969, www.mariner.ie, geöffnet: tägl. 11–17 Uhr, Eintritt: Erwachsene 8 €, ermäßigt 6 €, Kinder 4 € (unter 12 Jahren) bzw. 5 € (13–17 Jahre), Familien 18 €. Auf Nachfrage erhält man an der Kasse einen Ordner mit deutschen Übersetzungen der Ausstellungstexte.

› **People's Park Farmers' Market,** Park Road, Dún Laoghaire, A96 H799, So. 11–16 Uhr

42 Howth ★★

Dieses kleine Fischerörtchen auf einer Halbinsel östlich von Dublin ist ideal für einen Nachmittagsabstecher zum Hafen. Wenn man aber auch ein oder zwei der kleinen Museen besuchen und den Wanderweg an den Klippen entlanglaufen möchte, sollte man einen ganzen Tag einplanen.

Den besten Blick auf das Städtchen bekommt man vom lebendigen **Hafen** aus. Dort finden sich zahlreiche Fischrestaurants und -händler. Im Hafenbecken liegen die Fischerboote vor Anker, auf denen die Besatzung die Netze klarmacht. Außerdem haben hier viele schicke Jachten angelegt. Am östlichen Hafendamm entlang kann man zum Leuchtturm schlendern und sich die Seeluft um die Nase wehen lassen.

028du-kf

🄺 *Kunst auf dem People's Park Market von Dún Laoghaire*

Wer gern wandert und die spektakuläre Aussicht genießen möchte, sollte sich Zeit für den **Cliff Path Loop** nehmen, der am Bahnhof beginnt, an den Klippen entlang weitergeht und schließlich über die Hügel südlich des Ortes zurückführt. Je nach Tempo ist man etwa 1½ bis 2½ Std. unterwegs und kann den wunderbaren Ausblick über das Meer und Howth genießen. Die Karte und Beschreibung kann man im Internet herunterladen (www.sportireland.ie/outdoors/walking/trails/howth-cliff-path-loop).

Wieder zurück am Hafen lohnt jetzt noch eine **Bootstour nach Ireland's Eye** („Irlands Auge"), der Howth vorgelagerten Insel. Sie ist unbewohnt und heute Heimat für unzählige Seevögel und Seehunde. Man kann die Insel entweder umrunden (ca. 40–60 Minuten) oder dort aussteigen und mit einem der nächsten Boote zurückfahren (je nach Betreiber). Zwei Firmen bieten die Tour von Howth (West Pier) aus an.

- Anfahrt: DART bis Howth, Bus Nr. 31 von Lower Abbey Street bis Howth
- **Ireland's Eye Ferries**, www.irelandseyeferries.com, Tel. 086 0773021, Sommer tägl. 11–17 Uhr (kann je nach Wetterlage variieren, im Winter weniger Touren), Rundtour ohne Aussteigen: Erwachsene 25 €, ermäßigt/Kinder 15 €, Familien 60 €
- **Island Ferries**, www.islandferries.net, Tel. 086 8459154, Sommer tägl. 10–17 Uhr (kann je nach Wetterlage variieren, im Winter gibt es weniger Touren), auf Wunsch mit Aussteigen: Erwachsene 25 €, Kinder (3–15 Jahre) 15 €, Familien 70–80 €

43 Malahide Castle and Gardens ★★★

Malahide, eine kleine Stadt nordöstlich von Dublin, ist ein beliebter, aber auch recht teurer Rückzugsort, wenn man nicht direkt in der Hauptstadt wohnen möchte. Die Burg, der ehemalige Sitz der Talbot-Familie, ist die beliebteste Sehenswürdigkeit des Orts und als Ausflugsziel besonders für Familien geeignet.

Boote im Hafen von Howth

030du-kf

031du ©Lucian, stock.adobe.com

Im Jahr 1185 errichtet, hat **Malahide Castle** eine bewegte Geschichte hinter sich und war mit nur kurzer Unterbrechung fast 800 Jahre in Familienbesitz, bevor es 1975 an den irischen Staat verkauft wurde. Heute finden hier oft **Staatsempfänge** und andere wichtige politische Veranstaltungen statt und man kann sowohl das Gebäude selbst als auch die ausgedehnten Park- und Gartenanlagen besichtigen.

Während einer **Führung** erfährt man Interessantes aus der Geschichte der Burg und kann die opulenten Möbel und Dekorationen bestaunen. Lebendig wird das Ganze auch dadurch, dass man persönliche Gegenstände der ehemaligen Bewohner zu sehen und erklärt bekommt. Schließlich gibt es noch eine **Spielzeugsammlung** aus dem 19. und frühen 20. Jh.

Kernstück der Außenanlagen ist der von einer Mauer umgebene **Burggarten** mit seinen Rosenbeeten und dem viktorianischen Gewächshaus. Außerdem befindet sich hier in einem weiteren Gewächshaus der **Schmetterlingsgarten.** Er ist der einzige seiner Art in Irland und mit seiner tropischen Bepflanzung und den exotischen Schmetterlingen auf jeden Fall einen Besuch wert.

Auch für das leibliche Wohl ist natürlich gesorgt: Im Besucherzentrum befindet sich ein Café der irischen Firma Avoca, in dem man gut zu Mittag essen kann. Außerdem betreibt Avoca im selben Gebäude einen seiner beliebten Läden mit irischem Kunsthandwerk, Dekorationsgegenständen, Geschenkartikeln und Delikatessen.

› Zug von Connolly Station bis Malahide oder Bus Nr. 32/42 nach Malahide vom Busbahnhof (Busáras)

› **Malahide Castle and Gardens,** Malahide Demesne, Malahide, Co. Dublin, K36 C432, Tel. 01 8169538, www.malahidecastleandgardens.ie, geöffnet: tägl. 9.30–17.30 Uhr (letzte Führung April–Oktober 16.30 Uhr, November–März 15.30 Uhr), Eintritt: Erwachsene 14,50 €, ermäßigt 9,50 €, Kinder 7 €, Familien 42 €

Malahide Castle (43) *aus der Vogelperspektive*

DUBLIN ERLEBEN

035du-kf

Dublin für Kunst- und Museumsfreunde

Museen

14 [H7] **Chester Beatty Library.** Wertvolle Schriften und Kunsthandwerk aus aller Welt sind hier in verschiedenen Ausstellungen zu sehen. Es gibt auch ein nettes Café und einen Dachgarten (s. S. 31).

13 [H7] **Dublin Castle.** Früher Sitz der englischen/britischen Krone in Irland, heute Ort für offizielle Regierungsanlässe. Die sogenannten State Apartments, die ehemaligen privaten und für repräsentative Zwecke genutzten Gemächer des britischen Vizekönigs in Irland, können besichtigt werden (s. S. 30).

16 [G7] **Dublinia.** Interessante interaktive Ausstellung über das Dublin der Wikingerzeit und die Stadt im Mittelalter (s. S. 33).

30 [K5] **EPIC – The Irish Emigration Museum.** Dieses interaktive Museum zeigt die Auswanderungsgeschichte der Iren in alle Welt und den Einfluss, den irische Auswanderer auf andere Länder hatten (s. S. 47).

M7 **Experience Glasnevin,** Finglas Road, Glasnevin, D11 H2TH, Tel. 01 8826550, www.glasnevinmuseum.ie, geöffnet: tägl. 10–17 Uhr, Eintritt (nur Ausstellung/mit O'Connell-Turm/mit Führung): Erwachsene 6,75/9/13 €, Kinder u. ermäßigt 4,70/7/11 €, Familien 15,60/30/35 €. Der Friedhof Glasnevin wurde 1832 als erster Friedhof seit dem 18. Jh. eröffnet, auf dem man Verstorbene mit einer katholischen Trauerfeier beerdigen durfte. Viele Persönlichkeiten der irischen Geschichte liegen hier begraben, z. B. Daniel O'Connell (s. S. 38) oder der Revolutionär und spätere Regierungschef Éamon de Valera. Im ersten Stock des Visitor Centre gibt es die Ausstellungen „Extra-ordinary Lives" über berühmte und weniger bekannte Menschen, die hier ihre letzte Ruhe fanden. Im Untergeschoss wird die Ausstellung „City of the Dead" über Begräbnisse und den Umgang mit Tod im Wandel der Zeit und in verschiedenen Religionen und Kulturen gezeigt. Man kann zudem den O'Connell Tower besteigen, unter dem sich die reich verzierte Krypta Daniel O'Connells befindet. Auf dem Weg nach oben ist eine Ausstellung über sein Leben zu sehen und am Ende der 198 Stufen wartet ein wunderschöner Ausblick über Dublin, Wicklow und bis zum Meer. Zudem gibt es Führungen mit meist historischem Schwerpunkt.

M8 [K3] **GAA Museum,** 10 St Joseph's Ave, Ballybough, Dublin, D03 P6K7, 15 Min. zu Fuß vom Bahnhof Connolly Station oder Bus Nr. 3, 11, 11a, 16, 16a und 41 vom Stadtzentrum bis Drumcondra Road, Tel. 01 8192323, https://crokepark.ie/gaamuseum, geöffnet: Mo.–Sa. 9.30–17, So. 10–17 Uhr, Eintritt: Erwachsene 9 €, ermäßigt 7,50 €, Kinder (3–12 Jahre) 6,50 €, Familien 21 € (zwei Kinder) bzw. 22 € (drei Kinder). Stadiontour/Skylinetour (inkl. Museumseintritt): Erwachsene 16/22 €, ermäßigt 13/20 €, Kinder 11/20 € (ab 12 J.), Familien 43–45 €. Für Sportfans ist dieses Museum im Croke Park Stadium ein Muss. Man kann nicht nur etwas über die typisch irischen Sportarten der GAA (Gaelic Athletic Association) und über die besten Spieler erfahren, sondern die Sportarten auch ausprobieren. Außerdem gibt es wechselnde Sonderausstellungen und man kann eine Stadiontour buchen. Ein Tipp ist die eineinhalbstündige Skyline Croke Park Tour am oberen Rand des Stadions in 44 m Höhe (17 Stockwerke), die die wohl beste Aussicht über Dublin bietet.

Vorseite: Straßenkünstler in der Grafton Street [I7]

M9 [H7] **Garda Museum,** Treasury Building, Dublin Castle, D02 PD90, Tel. 01 6669998, www.garda.ie/en/about-us/our-history/the-garda-museum-at-dublin-castle, geöffnet: Mo.–Fr. 10–14 Uhr, an der Tür klingeln, Eintritt: frei. Die Geschichte der irischen Polizei im 19. und 20. Jh. ist Thema dieser kleinen Ausstellung. Außer erklärenden Texten gibt es Uniformen, Gegenstände aus dem Polizeigebrauch und alte Fotos zu sehen.

21 [I5] **GPO Witness History.** Seit 2016 gibt es ein eigens dem Osteraufstand von 1916 gewidmetes Museum mit interaktiven Exponaten, Filmausschnitten und Tonaufnahmen aus jener Zeit (s. S. 40).

M10 [H10] **Irish Jewish Museum,** 3 Walworth Rd, Portobello, D08 TD29, Tel. 01 7067357, www.jewishmuseum.ie, geöffnet: So. 11–14.30 Uhr, an jüdischen Feiertagen geschl., Eintritt: Erwachsene 10 €, Kinder und Studenten 5 €. In dieser ehemaligen Synagoge findet sich eine kleine Ausstellung zur jüdischen Geschichte in Irland und zur jüdischen Religion und Kultur im Allgemeinen.

38 [B7] **Irish Museum of Modern Art.** Moderne irische Kunst in einem schönen Gebäude aus dem 17. Jh. mit sehenswerten Gartenanlagen (s. S. 53).

M11 [I4] **James Joyce Centre,** 35 North Great George's St, Rotunda, Dublin, Tel. 01 8788547, www.jamesjoyce.ie, geöffnet: Di.–Sa. 10–16.30 Uhr, Eintritt: Erwachsene 7 €, ermäßigt/Kinder 5 €, Führungen Do., Fr., Sa. 11 Uhr, 20/15 €. Hauptsächlich ein Forschungszentrum, das dem berühmten Sohn der Stadt gewidmet ist, doch in einer kleinen Ausstellung kann man sehen, wie Joyce gelebt hat, die berühmte Tür der No. 7 Eccles Street aus dem Roman „Ulysses" sehen und andere Joyce-Memorabilien bestaunen.

40 **James Joyce Tower and Museum.** In diesem idyllisch an der Spitze einer Bucht gelegenen Martello-Turm (ein Wehrturm aus dem frühen 19. Jh.) verbrachte James Joyce 1904 sechs Nächte und setzte dem Gebäude in seinem Roman „Ulysses" ein Denkmal. Heute findet sich hier ein kleines, von Freiwilligen betriebenes Museum über den Schriftsteller und vom Dach des Turms hat man eine wunderschöne Aussicht (s. S. 55).

31 [L6] **Jeanie Johnston Tall Ship and Famine Museum.** Dieses originalgetreu nachgebaute Auswandererschiff zeigt nicht nur die Bedingungen, unter denen die irischen Auswanderer an Bord leben mussten, sondern man erfährt auch etwas über die Hintergründe der Auswanderung (s. S. 48).

39 [A7] **Kilmainham Gaol.** Dieses berühmt-berüchtigte ehemalige Gefängnis kann im Rahmen einer Führung besichtigt werden. Besonders interessant ist ein Einblick in die damaligen Haftbedingungen und die Gründe, aus

037du-kf

[>] *Kleines, unabhängiges Museum zur Geschichte des Whiskeys in Irland: das Irish Whiskey Museum (s. S. 64)*

denen Haftstrafen verhängt wurden (s. S. 54).

2 [J8] **Little Museum of Dublin.** Die Geschichte Dublins im 20. Jh. wird anhand von Alltagsgegenständen dargestellt. Sehr zu empfehlen (s. S. 17).

43 **Malahide Castle and Gardens.** Diese 800 Jahre alte Burg und die sie umgebenden Gärten sind auf jeden Fall einen Ausflug wert und man kann hier leicht einen Tag verbringen. Bei einer Führung kann man am Beispiel der Familie Talbot, der Malahide Castle über Jahrhunderte gehörte, in die bewegte Geschichte Irlands eintauchen. Zu sehen sind historische Möbel, Kunstwerke aber auch persönliche Gegenstände der Bewohner und eine Sammlung von Spielzeugen aus dem 19. und frühen 20. Jahrhundert. Die weitläufigen Park- und Gartenanlagen laden zu einem Spaziergang oder zu einer kleinen Pause ein. Besonders zu empfehlen ist aber das Schmetterlingshaus mit seiner tropischen Bepflanzung (s. S. 57).

18 [H8] **Marsh's Library.** Alte, wunderschöne, kleine Bibliothek mit Atmosphäre (s. S. 36).

M12 [I8] **Museum of Literature in Ireland (MoLI),** 86 St Stephen's Green, UCD Newman House, D02 PN47, Tel. 01 4779811, www.moli.ie, geöffnet: Di.–So. 10–18 Uhr (letzter Einlass 17 Uhr), Eintritt: Erwachsene 13,50 €, ermäßigt/Kinder 11 €, Familien 29 €. Das MoLI entstand 2019 aus einer Kollaboration zwischen dem University College Dublin und der irischen Nationalbibliothek. Zuerst fallen einem die wunderschön restaurierten Details an dem georgianischen Gebäudekomplex auf, der ursprünglich der Sitz der Catholic University of Ireland, der Vorgängerinstitution von University College Dublin, war. Viele bekannte irische Schriftsteller wie James Joyce, Flann O'Brien, Kate O'Brien und Maeve Binchy haben in dem Haus studiert. Die Ausstellung selbst legt einen Schwerpunkt auf James Joyce, dem ein ganzer Raum gewidmet ist. Man kann zum Beispiel die Erstausgabe des Romans „Ulysses" bestaunen. Es werden aber auch andere Literaten vorgestellt und ganz oben kommen die Schriftsteller in Klangaufnahmen selbst zu Wort. Außerdem gibt es ein gutes Café, in dem man relativ preiswert essen kann, und auch die schön angelegten Gärten hinter dem Haus sind einen Besuch wert.

7 [K7] **National Gallery of Ireland.** Die Nationalgalerie beherbergt die welt-

038du-kf

weit größte Sammlung an irischer Kunst, aber auch Meisterwerke verschiedenster Kunstrichtungen aus anderen europäischen Ländern. Außerdem gibt es interessante Sonderausstellungen (s. S. 21).

M13 [H6] **National Leprechaun Museum of Ireland,** 2–3 Mary's Abbey, D07 X6R6, Tel. 01 8733899, www.leprechaunmuseum.ie, geöffnet: tägl. 10–18.30 Uhr (letzter Einlass 17.30 Uhr), Eintritt: Erwachsene 18 €, ermäßigt 16 €, Kinder 11 €. Dieses Museum ist den Mythen und Volkserzählungen Irlands gewidmet. Die Hauptrolle spielt die Gestalt des Leprechaun, eine Art Kobold, der in vielen irischen Geschichten vorkommt und am Ende des Regenbogens einen Topf mit Gold versteckt haben soll. In dem Museum, das sich vornehmlich an Familien mit Kindern wendet, wird man durch eine mythische Welt geleitet, bekommt Geschichten erzählt und erfährt nebenbei einiges über irische Märchen- und Sagengestalten. Die Führungen sind nur auf Englisch, aber auch ohne Sprachkenntnisse werden Kinder ihren Spaß an gigantischen Möbeln und einem Gang, in dem man scheinbar immer größer wird, haben. Zusätzlich gibt es Do.–Sa. um 19 Uhr und 20 Uhr die Tour „Darkland", die sich mit den „düstereren Aspekten der irischen Volkskultur" beschäftigen (je 60 Minuten, 20 €, nur Erwachsene).

6 [J7] **National Library of Ireland.** Außer dem Gebäude selbst ist auch die Ausstellung über den irischen Schriftsteller und Dichter William Butler Yeats interessant (s. S. 21).

41 **National Maritime Museum of Ireland.** Diese kleine Ausstellung befasst sich mit verschiedenen Aspekten der Seefahrtsgeschichte: Navigation, Entdeckungsreisen, Natur, Technologie, aber auch Schiffsunglücke und Kriege. Besonders sehenswert ist aber das Gebäude selbst: eine der wenigen erhaltenen Seefahrerkirchen, die weltweit noch erhalten sind (s. S. 55).

Blick vom James Joyce Tower 40

3 [J8] **National Museum of Ireland – Archaeology.** Hier gibt es Informationen über Irland vom prähistorischen Zeitalter bis zum Mittelalter. Außerdem finden sich Artefakte aus dem alten Ägypten und aus Zypern (s. S. 18).

36 [E6] **National Museum of Ireland – Decorative Arts & History.** Abteilung des irischen Nationalmuseums in einer ehemaligen britischen Kaserne aus dem 18. Jh. Hier gibt es alles von Mode über Keramik und Glas bis zu Dingen aus der ländlichen Volkskultur. Außerdem ist eine Ausstellung über den Osteraufstand von 1916 zu sehen (s. S. 51).

4 [K8] **National Museum of Ireland – Natural History.** Dieses Museum ist sehenswert, nicht nur wegen der naturkundlichen Ausstellungsstücke, sondern vor allem, da man sich beim Eintreten vorkommt, als sei man einer Zeitmaschine entstiegen: Das Museum hat sich seit seiner Eröffnung Mitte des 19. Jh. kaum verändert (s. S. 19).

M14 [N9] **National Print Museum,** Garrison Chapel, Beggar's Bush Barracks, Haddington Road, Dublin 4, Bus 4 und 7 bis Northumberland Road bzw. Haddington Road Junction, Tel. 01 6603770, www.nationalprintmuseum.ie, geöffnet: Di.–Fr. 10–16 Uhr (Sept. und Okt. Do. bis 21 Uhr), Sa., So. 12–16 Uhr (an Feiertagswochenenden Sa., So. geschl.), Eintritt: frei. In einer ehemaligen Kirche beheimatet, widmet sich dieses Museum der Geschichte der Druckerei in Irland. Angeordnet wie in einer Druckerwerkstatt, kann man hier dem Arbeitsprozess Schritt für Schritt folgen. Außerdem sind wichtige Druckerzeugnisse wie ein Original der Proklamation des Osteraufstands von 1916 zu sehen.

15 [J6] **National Wax Museum Plus,** The Lafayette Building, 22–25 Westmoreland St, Temple Bar, Dublin 2, D02 EH29, Tel. 01 6718373, www.waxmuseumplus.ie, geöffnet: tägl. 10–19 Uhr (letzter Einlass 18 Uhr), Eintritt: Erwachsene 18 €, ermäßigt 16 €, Kinder (unter 12 Jahren) 13 €, Familien 55 € (bei Buchung im Internet manchmal Sonderangebote). Vor allem Kinder besuchen das National Wax Museum gern, denn hier gibt es lebensgroße Figuren bekannter Personen, die in der irischen Geschichte eine Rolle gespielt haben, aber auch Schriftsteller, Künstler, Politiker, Rock- und Popgrößen aus der ganzen Welt zu bestaunen.

16 Pearse Museum, Saint Enda's Park, Grange Rd, Rathfarnham, Dublin 16, D16 Y7Y5, Bus 16 von O'Connell Street/Cathedral Street (Stop 270) Richtung Ballinteer bis Grange Road/The Priory (Stop 7068), Tel. 01 4934208, www.pearsemuseum.ie, geöffnet: tägl. 9.30–17.30 Uhr, Eintritt: frei. In diesem imposanten Gebäude aus dem 18. Jahrhundert wohnte und arbeitete zwischen 1910 und 1916 Patrick Pearse, der vor allem für seine prominente Rolle im Osteraufstand (s. S. 101) bekannt wurde. Das Haus beherbergte eine von ihm geführte innovative irischsprachige Schule und außer Pearses Wohn- und Arbeitsräumen kann man auch einen Schlafraum, ein Klassenzimmer und schulbezogene Ausstellungsstücke sehen.

17 [I7] **The Irish Rock 'n' Roll Museum Experience,** Curved St, Temple Bar, D02 RY20, Tel. 01 6351993, www.irishrocknrollmuseum.com, geöffnet: tägl. 10.30–17 Uhr (letzte Führung), Eintritt (nur mit Führung, je nach Zeit): Erwachsene 20–24 €, ermäßigt 18–22 €, Kinder (unter 12 J.) 15–19 €, Familien 60–71 €. Fans von U2, Van Morrison oder Thin Lizzy kommen hier voll auf ihre Kosten. Zu sehen gibt es Rock-n-Roll-Memorabilien und einen Film über die moderne Musikgeschichte Irlands. Man kann aber auch bei der Produktion hinter die Kulissen schauen und sich selbst als Rockstar versuchen.

18 [K7] **Trinity College Zoological Museum,** 2 College Green, D02 W272, Tel. 01 8961366, www.tcd.ie/Zoology/museum, geöffnet: Juni–Aug. tägl. 10.30–16 Uhr, Eintritt: Erwachsene 3 €, Kinder 2 €. Die Ursprünge dieser umfassenden Sammlung sind 150 Jahre alt. Es gibt mittlerweile ausgestorbene Arten zu sehen, aber auch über die heutige Tierwelt kann man Neues erfahren.

Brauerei- und Brennereitouren

19 [E7] **Guinness Storehouse.** Eine der bekanntesten Touristenattraktionen der Stadt. Hier kann man lernen, wie das berühmte schwarze Bier gebraut wird, und es natürlich auch probieren (s. S. 36).

19 [I7] **Irish Whiskey Museum,** 119 Grafton Street, Dublin 2, Tel. 01 5250970, www.irishwhiskeymuseum.ie, Führungen mit Whiskeyprobe (oder alkoholfreier Alternative) tägl. halbstündlich

036du-kf

Besonders bei Kindern beliebt: das National Wax Museum Plus

ab 10.30 Uhr, letzte um 17.30 Uhr, Erwachsene 22 € (ohne Whiskeyprobe 16 €), ermäßigt 20 €, Kinder 10 €, Familien 52 €, vormittags günstiger. Dieses kleine Museum ist unabhängig und wird nicht von einer Whiskey-Brennerei getragen, daher gibt es weniger Werbebotschaften als bei einer Brennerei-Tour. Die Geschichte des Whiskeys in Irland und der Brennvorgang werden unterhaltsam und zugänglich erklärt und man bekommt einen guten Überblick. Am Ende der Classic Tour gibt es drei verschiedene irische Whiskeys zum Vergleich *(pot still, grain, malt)*.

27 [F6] **Jameson Distillery Bow Street.** In dieser ehemaligen Brennerei wird heute kein Whiskey mehr hergestellt, sondern nur noch welcher gelagert. Während der interessanten Tour lernt man viel über die Geschichte der Brennerei und den Herstellungsprozess und kann verschiedene Whiskeys probieren (s. S. 44).

M 20 [E7] **Roe & Co Distilling Company,** 92 James's Street, D08 YYW9, Tel. 01 6435999, www.roeandcowhiskey.com, geöffnet: Mo.–Mi. 12.30–17, Do. 12.30–20.30, Fr., Sa. 12.30–21.30, So. 12.30–19.30 Uhr, Eintritt: Führungen „Blending Experience" für Liebhaber traditionellen Whiskeys oder „Flavours Experience" für Cocktailfans (jeweils ca.45 Min. inklusive Drink am Ende, nur für Erwachsene ab 18 Jahren) 30 €/25 €. Die Tour beinhaltet einen Rundgang durch eine der neusten Brennereien Dublins, bei dem man viel über die Kunst des Brennens und Whiskeymischens *(blending)* erfährt. Natürlich darf man auch probieren. Am Ende bekommt man in der Power House Bar ein individuell gemixtes Getränk. Der Birnbaum im Logo der Firma steht übrigens wirklich auf dem Gelände und ist angeblich der älteste früchtetragende Baum in Irland.

M 21 [F8] **Teeling Whiskey Distillery,** 13–17 Newmarket, The Liberties, D08 KD91, Tel. 01 5310888, www.teelingdistillery.com, geöffnet: So.–Fr. 10–18, Sa. 10–19 Uhr, Führungen alle 20 Minuten, Eintritt: Erwachsene 18 € („Teeling Tasting Tour", je nach verkostetem Whiskey teurer), Kinder (ab 10 Jahren, alkoholfreies Getränk) 10 €, Kinder unter 10 Jahren frei. Diese Führung ist interessant, da hier wirklich vor Ort gebrannt wird. Man bekommt eine Tour durch die Anlage, bei der man die Brennblasen (nach den Töchtern des Gründers benannt) sehen kann, man kann an der gärenden Zuckerlösung riechen und bekommt zum Schluss der Klassiktour einen Teeling-Whiskey und einen Whiskey-Cocktail zum Probieren.

M 22 [F8] **The Dublin Liberties Distillery,** 33 Mill Street, D08 V221, Tel. 01 4544815, www.thedld.com, geöffnet: So.–Fr. 10–17.30, Sa. 11–17 Uhr, Führungen Erwachsene Mo.–Fr. 16 €/Sa., So. 18 €, ermäßigt 14/16 €, Kinder (ab 6 Jahren) 5 €. Diese Brennerei vermarktet sich als jung, unkonventionell und aufregend. Zum Auftakt der Tour bekommt man einen Whiskey & Honeycomb, einen Likör aus Whiskey, Honig und Karamell. Dann gibt es einen Rundgang durch die Brennerei, bei der man einen Whiskey probieren kann, und am Schluss wird das Ganze mit einer weiteren Whiskeyverkostung abgerundet.

Kunstgalerien

G 23 [J7] **Douglas Hyde Gallery,** Trinity College, D02 CX56, Tel. 01 8961116, www.thedouglashyde.ie, geöffnet: Mi., Fr.–So. 12–17, Do. 12–18 Uhr, Eintritt: frei. Diese Galerie auf dem Gelände des Trinity College widmet sich moderner Kunst – von Skulpturen über Gemälde bis zu Installationen. Es gibt keine Dauerausstellung, sondern es werden jeweils zwei wechselnde Ausstellungen zu verschiedenen Themen angeboten.

24 [H4] **Hugh Lane Gallery,** Charlemont House, Parnell Square North, D01 F2X9, Tel. 01 2225564, www.hughlane.ie, geöffnet: Di.–Do. 9.45–18, Fr. 9.45–17, Sa. 10–17, So. 11–17 Uhr, Eintritt: frei. Diese Galerie war bei ihrer Eröffnung 1908 weltweit die erste, die sich ausschließlich moderner Kunst widmete. Moderne irische Künstler bilden den Schwerpunkt, aber es gibt auch wichtige Werke vor allem französische Maler, z. B. von Renoir, Manet oder Pissarro. Zusätzlich gibt es interessante Sonderausstellungen.

25 [I8] **Kerlin Gallery,** 38 Anne's Lane, D02 A028, Tel. 01 6709093, www.kerlingallery.com, geöffnet: Di.–Fr. 10–17.30, Sa. 11–16.30 Uhr, Eintritt: frei. Nicht weit von der Grafton Street widmet sich diese Galerie der modernen Kunst. Auch Andy Warhol hat hier ausgestellt.

26 [I6] **Temple Bar Gallery and Studios,** 5–9 Temple Bar, D02 H003, Tel. 01 6710073, www.templebargallery.com, geöffnet: Di.–Fr. 11–18, Sa., So. 12–16 Uhr, Eintritt: frei. Lebendiges Künstlerzentrum mit Galerie, das vor allem jungen Kunstschaffenden die Möglichkeit gibt, ihre Werke zu zeigen.

27 [H7] **Photo Museum Ireland,** Meeting House Square, Temple Bar, D02 X406, Tel. 01 6714654, www.galleryofphotography.ie, geöffnet: Di.–Sa. 11–17 Uhr, Eintritt: frei (Spende erwünscht). Zeitgenössische irische und internationale Fotografie, wechselnde Ausstellungen.

039du-kf

Kunst unter freiem Himmel

Dublin ist eine Stadt, in der man auf Schritt und Tritt auf Skulpturen oder andere Kunst im öffentlichen Raum stößt. Vor allem entlang der **O'Connell Street** (s. S. 38) und rund um **St Stephen's Green** ❶ und **Merrion Square** [K8] finden sich zahlreiche Statuen von Personen, die in der Geschichte Irlands eine Rolle gespielt haben.

Die wohl bekannteste Skulptur der Stadt ist die von einem alten Dubliner Lied inspirierte Statue der Straßenhändlerin **Molly Malone** ❿ in der Suffolk Street, aber auch die **James-Joyce-Statue** (s. S. 38) in der North Earl Street oder die des gemütlich auf einem Stein sitzenden **Oscar Wilde** am Merrion Square (Ecke Merrion Sq. North und West [K7]) sind den meisten Besuchern der Stadt ein Begriff. Neben verschiedenen Staatsmännern (selten Frauen) sind vor allem Dichter und Musiker stark vertreten. Neuere Schöpfungen wie das **Famine Memorial** ㉙ aus dem Jahr 1997 in den Docklands, das an die irische Hungersnot Mitte des 19. Jh. erinnert, und die stark umstrittene **Spire** ⑳ von 2003 in der O'Connell Street haben mittlerweile aber auch großen Wiedererkennungswert. Dem

Spire weichen musste die **Anna-Livia-Skulptur**, die anlässlich des Stadtjubiläums 1988 in der O'Connell Street aufgestellt worden war. Sie lag in einem um sie herum gebauten Brunnen und wurde von Wasser umflossen. Die Figur repräsentiert den Fluss Liffey, als Inspiration diente der Charakter Anna Livia Plurabelle aus James Joyces Werk „Finnegan's Wake“. 2001 wurde sie eingelagert und 2011 an ihrem jetzigen Standort im Croppies Acre Memorial Park am Wolfe Tone Quay unweit des Bahnhofs Heuston Station aufgestellt, wo sie – etwas seltsam anmutend – auf einem Teich zu sitzen scheint.

Nicht verpassen sollte man den **Icon Walk** in der Bedford Lane [I6] in Temple Bar. Wie in einem Museum im Freien kann man hier Graffitikunst und eine über der Gasse aufgehängte Skulptur aus bunten Plastikplättchen sehen. Außerdem informieren Bild- und Texttafeln über die Größen irischer Kultur.

Etwas weiter außerhalb, nördlich der Old Jameson Distillery 27, befindet sich im King's Inns Park [G5] noch eine Kuriosität, die streng genommen keine menschengemachte Kunst ist, die Bezeichnung Kunstwerk aber dennoch verdient: **The Hungry Tree** („Der hungrige Baum“). Hier verschlingt nach und nach eine etwas über 120 Jahre alte Platane eine Parkbank aus dem frühen 19. Jh. Mittlerweile ist die komplette Rückenlehne im Baum verschwunden und die „Installation“ ist zu einem beliebten Fotomotiv geworden.

Wer sich genauer mit Kunst im öffentlichen Raum in Dublin befassen möchte, dem sei das Buch „The Complete Guide to the Statues and Sculptures of Dublin City“ von Neal Doherty empfohlen.

Dublin für Genießer

Essen und Trinken

Die irische Küche genoss nicht immer den besten Ruf und noch heute denken viele zuerst an Kartoffeln und überkochtes Gemüse. Allerdings hat sich die kulinarische Szene in den letzten Jahrzehnten gemausert. Die gehobene moderne irische Küche, die Einflüsse aus aller Welt beinhaltet, sich aber auf qualitativ hochwertige irische Produkte konzentriert, hat viel zu bieten. Aber natürlich gibt es auch immer noch Bodenständiges und nicht jedes Restaurant hat die Entwicklung mitgemacht.

Die Auswahl an Restaurants in Dublin ist groß und die Palette reicht von traditioneller irischer Küche über Pizza, Burger und gehobene Sternerestaurants bis zu chinesischer, indischer oder koreanischer Küche. Hier ist für jeden Geschmack etwas dabei.

In Restaurants in Irland setzt man sich nicht einfach an einen Tisch. Normalerweise bleibt man am Eingang stehen und wartet, bis das Personal einen an einen freien Sitzplatz führt. Nach dem Essen ist es nicht üblich, getrennt zu zahlen. Oft legt jeder seinen Anteil auf den Teller mit der **Rechnung**, allerdings hat es sich mit zunehmender Beliebtheit von Kreditkarten mehr und mehr eingebürgert, dass die Kellner mit dem Kartenlesegerät an den Tisch kommen und jeder angibt, wie viel er oder sie abgebucht haben möchte. Das muss man allerdings vorher mit den anderen Gästen in der Gruppe absprechen – die Kellner rechnen die Beträge nicht aus.

Die Statue von Oscar Wilde am Merrion Square

Anders als im deutschen Sprachraum lässt man das **Trinkgeld** (5–10 %) auf dem Tisch liegen oder man kann es bei Kartenzahlung dem Betrag hinzufügen. Damit das Trinkgeld den Kellnern wirklich zukommt, ist aber die Barzahlung die bessere Variante.

Zwei der bekanntesten irischen Gerichte sind **Irish stew**, ein Eintopf aus Lamm (oder Rindfleisch), Kartoffeln, Karotten und Zwiebeln, und **bacon and cabbage**, gekochtes, gepökeltes Schweinefleisch (nicht unähnlich dem deutschen Kasseler) mit Weißkohl, Kartoffeln und einer Remouladensoße. Es gibt aber noch viel Anderes zu entdecken. Sehr lecker sind zum Beispiel auch **colcannon**, ein Gericht aus gestampften Kartoffeln und Grünkohl oder anderem Kohl, oder **boxty**, eine Art Kartoffelpfannkuchen.

Auf dem Gebiet der **Süßspeisen** gibt die traditionelle irische Küche nicht so viel her, obwohl viel moderne Kuchen und Desserts angeboten werden. **Barmbrack**, ein süßes, für Irland typisches Rosinenweißbrot, wird traditionell an Halloween gegessen und ist sehr beliebt. Es gibt oft auch **scones** (kleine, runde, süße, brotähnliche Kuchen) mit Sahne und Marmelade oder süße **pies** (flache gedeckte Kuchen) gefüllt mit Äpfeln oder anderem Obst und heißer Vanillesoße.

Vor allem in den Küstenregionen gibt es eine große Auswahl an frischem **Fisch und Meeresfrüchten**, die auf verschiedene Weise zubereitet werden. Zu empfehlen ist eine gehaltvolle traditionelle Fisch- und Meeresfrüchtesuppe *(seafood chowder)*, die mit Milch zubereitet und oft mit frisch gebackenem *soda bread*, einem Buttermilchbrot, serviert wird. Auch **Käseliebhaber** kommen in Irland auf ihre Kosten, da es mittlerweile eine große Auswahl an regionalen Spezialitäten zu probieren gibt.

Die vielleicht wichtigste Mahlzeit des Tages ist das **irische Frühstück**, das man normalerweise in allen Hotels, Pensionen oder Cafés in verschiedenen Variationen bekommt. Es ist sehr gehaltvoll – viele Iren essen es nur am Wochenende – und kann leicht bis weit in den Tag hinein sättigen. Zum Anfang gibt es meist Frühstücksflocken oder Müsli mit Milch und ein Glas Orangensaft. Die Hauptbestandteile sind aber gebratener Schinkenspeck, Spiegel-, Rühr- oder pochierte Eier, kleine Würstchen und gebratene Scheiben Blut- und Grützwurst (*black pudding* und *white pudding*). Das alles wird mit einer gegrillten Tomate, gebratenen Pilzen oder gebackenen weißen Bohnen in Tomatensoße *(baked beans)* garniert. Außerdem wird Toast, gesalzene Butter und Marmelade gereicht. Dazu trinkt man einen starken Schwarztee oder auch einen Kaffee.

Das wohl beliebteste **Getränk** in Irland ist Guinness, das weltweit bekannte starke, dunkle Bier. Allerdings werden **Biere** aus kleinen lokalen Brauereien oder internationale

MEIN TIPP

Talking Statues

Zehn Statuen in Dublin wurden fiktive Texte in den Mund gelegt, manchmal sind sie komisch, manchmal dramatisch. Um zu hören, was die Statuen sagen, braucht man ein Smartphone mit Internetzugang und muss einfach den QR-Code an der Statue scannen oder die URL in den Browser eingeben. Man wird dann quasi von der Statue angerufen. Unter ihnen sind Molly Malone 10, James Joyce, Wolfe Tone und Cú Chulainn. Eine komplette Auflistung und weitere Infos findet man unter http://talkingstatuesdublin.ie.

040du-kf

Biersorten ebenfalls immer beliebter. Weit verbreitet ist auch **Cider** (stark kohlesäurehaltiger Apfelwein). Die bekanntesten Marken sind Bulmers und Magners. Sowohl Bier als auch *Cider* wird normalerweise als *pint* (ca. 568 ml) oder *half pint* (ca. 284 ml) bestellt.

Wein wird in Irland nicht im großen Maße angebaut, man bekommt aber eine gute Auswahl internationaler Sorten. In den letzten Jahren hat irischer **Whiskey** einen großen Aufschwung erlebt und mehrere neue Brennereien haben sich in Dublin etabliert. Whiskey wird in Irland normalerweise ohne Zusatz *(straight)* oder mit einem kleinen Tropfen Wasser getrunken, nicht auf Eis.

Geht man in ein **Pub**, gibt es meist keine Tischbedienung. Man geht an die Bar und bestellt dort. Trinkgeld ist hier nicht üblich. Geht man mit einer Gruppe in die Kneipe, ist es üblich, die Getränke in Runden zu holen *(rounds)*. Dies ist allerdings nicht als Einladung misszuverstehen – es wird erwartet, dass am Abend jeder einmal eine Runde Getränke besorgt. Die meisten Pubs servieren um die Mittagszeit und häufig auch abends Essen. Meist wird auch dafür an der Bar bestellt. Gibt es Tischbedienung, wird das ausdrücklich ausgewiesen.

Irische Pubs sind vor allem wegen ihrer **Livemusik** berühmt. Nicht alle Kneipen bieten während der Saison täglich Musik an, in Dublin ist es aber kein Problem, fast jeden Abend einen Pub mit Musik zu finden.

Restaurants und Gastro-Pubs

28 [J8] **Bang** €€€€, 11 Merrion Row, D02 KW61, Tel. 01 4004229, www.bangrestaurant.com, geöffnet: tägl. 12–24 Uhr. Gehobenes Restaurant mit täglich wechselnder Speisekarte. Die Gerichte werden mit vorwiegend irischen Zutaten gekocht, zeigen aber Einflüsse aus dem Mittelmeerraum und aus Asien. Vegane

Die moderne irische Küche konzentriert sich auf qualitativ hochwertige lokale Produkte

Gastro- und Nightlife-Areale

Bläulich hervorgehobene Bereiche in den Karten kennzeichnen Gebiete mit einem dichten Angebot an Restaurants, Bars, Clubs, Discos etc.

Preiskategorien

Wenn nicht anders angegeben, beziehen sich die Preise jeweils auf ein Hauptgericht ohne Getränke:

€	bis 10 €
€€	10–20 €
€€€	20–30 €
€€€€	ab 30 €

und vegetarische Speisen können auch zubereitet werden.

29 [I7] **BóBós (1)** €€, 50–51 Dame Street, Temple Bar, D02 FX37, www.bobos.ie, Tel. 01 5380100, geöffnet: So.–Do. 10–22, Fr., Sa. 10–3 Uhr. Freundliche Dubliner Gourmetburger-Restaurantkette mit Burgern in allen erdenklichen Variationen: Es gibt verschiedene Fleischsorten aus heimischer Zucht und fleischlose Burger für Vegetarier und Veganer. Der Name ist ein Wortspiel aus dem irischen Wort für Kuh (bó) und dem französischen Wort „bobo" (Abk. „bourgeois bohème"). Mehrere Filialen:

30 [I6] **BóBós (2)** €€, 74 Middle Abbey St, D01 W1A2, Tel. 01 5380800, geöffnet: tägl. 12–21.30 Uhr

31 [H9] **BóBós (3)** €€, 22 Wexford St, Portobello, D02 YW98, Tel. 01 4005750, geöffnet: Mo.–Mi. 12–21.30, Do. 12–22, Fr. 12–3, Sa. 17–3, So. 17–22 Uhr

32 **BóBós (4)** €€, 290 Rathmines Rd Lower, Rathmines, D06 WN88, Tel. 01 5986988, geöffnet: Mo.–Mi. 10–21.30, Do.–So. 10–22 Uhr

33 [J8] **Café en Seine** €€€, 40 Dawson Street, D02 X067, Tel. 01 6774567, www.cafeenseine.ie, geöffnet: Mo.–Mi. 11.30–23.30, Do. 11.30–1, Fr., Sa. 11.30–2.30, So. 11.30–24 Uhr. Kein gewöhnliches Restaurant, sondern das Auge isst mit: Es gibt mehrere Restaurantbereiche, unter anderem einen – unter Glasdach –, der einer Pariser Straßenszene nachempfunden ist. Außerdem findet man eine opulente Jugendstilbar mit einer großen Cocktailauswahl. Das Essen, von Chefkoch Stephen Gibson kreiert, steht dem Augenschmaus in nichts nach. Der Schwerpunkt liegt auf lokalen Zutaten, aber die kulinarischen Einflüsse stammen aus aller Welt.

34 [L9] **Chai-Yo** €€€, 100 Lower Baggott Street, D02 X048, Tel. 01 6767652, www.chaiyo.ie, geöffnet: Mo.–Mi. 17.30–23, Do., Fr. 12.30–15 und 17.30–24, Sa. 15–0.30, So. 15.30–22 Uhr. Hervorragendes Lokal mit einer breiten Palette an leckeren chinesischen, japanischen und thailändischen Gerichten, auch Seafood. Das Restaurant wurde mehrfach in der Lokalpresse und in Gourmetmagazinen lobend erwähnt.

35 [I7] **Cornucopia** €€, 19–20 Wicklow St, D02 FK27, Tel. 01 6777583, www.cornucopia.ie, geöffnet: Mo.–Mi. 8–21, Do.–Sa. 8–21.30, So. 9–21 Uhr. Cornucopia ist wohl Dublins ältestes und bekanntestes vegetarisches Restaurant, das bei Weitem nicht nur Vegetarier anzieht, denn das Essen ist hervorragend. Man darf sich nicht von den oft langen Schlangen an der Theke abschrecken lassen (Selbstbedienung) – das Warten lohnt sich! Jeden Tag gibt es vier Hauptgerichte und sieben Salate zur Auswahl und auch das Frühstücksangebot lässt sich sehen. Brot und Kuchen werden frisch im Haus gebacken und die Gerichte zeigen Einflüsse aus der modernen internationalen Küche. Auch bei Nahrungsmittelunverträglichkeiten kann man hier etwas Leckeres zu essen finden, denn alle Speisen sind genau gekennzeichnet.

36 [I6] **Gallagher's Boxty House** €€€, 20–21 Temple Bar, D02 ET66 Tel. 01 6772762, www.boxtyhouse.ie, geöffnet: tägl. 10–22 Uhr. Benannt nach einem Kartoffelpfannkuchen, den es natürlich in vielen Variationen auf der Speisekarte gibt, werden hier mitten im Temple-Bar-Bezirk klassisch irische Gerichte serviert.

37 [I6] **Govinda's Vegetarian Restaurant** €-€€, 83 Middle Abbey Street, D01 EV91, Tel. 0899621787, geöffnet: Mo.–Sa. 12–19, Fr., Sa. 12–20 Uhr. Ein von der Hare-Krishna-Bewegung betriebenes vegetarisches Restaurant. Die Atmosphäre hat etwas von einem Schnellrestaurant, aber das auf indischer Küche basierende Essen ist hervorragend. Große Portionen zu sehr moderaten Preisen.

38 [M6] **MV Cill Airne** €€€€, Quay 16, North Wall Quay, North Dock, D01 XE03, Tel. 01 8178760, www.mvcillairne.com, geöffnet: Mo.–Do. 16–23.30, Fr. 15–24, Sa. 14–24, So. 14–23 Uhr. Speisen mit Stil und Aussicht auf einem restaurierten ehemaligen Tenderschiff aus den 1960er-Jahren. Im Restaurant Quay 16 gibt es vor allem Fleisch- und Fischgerichte, aber ein vegetarisches Gericht steht normalerweise auch auf der Karte und man hat einen guten Blick über die Docklands.

39 [I10] **The Bernard Shaw (The Big Blue Bus)** €€, 10–12 South Richmond Street, D02 HX76, Tel. 01 9060218, Facebook: The Big Blue Bus, geöffnet: Mo.–Mi. 16–23, Do.–So. ab 12 Uhr (im Winter nur Do.–So.). Wer hervorragende Pizza aus dem Steinofen mal in etwas anderer Atmosphäre genießen möchte, ist hier richtig. Ein alter Doppeldeckerbus fun-

MEIN TIPP

Essen mit Aussicht

Hier isst das Auge mit – Lokale mit einer wunderbaren Aussicht über die Stadt:

40 [M6] **Anantara The Marker Hotel – Rooftop Bar & Terrace,** Grand Canal Square, Docklands, D02 CK38, Tel. 01 6875104, www.anantara.com/en/the-marker-dublin. Außenterrasse mit hervorragender Aussicht über die Docklands.

› **Sophie's at the Dean** €€€€, Tel. 01 6078100, www.sophies.ie, Mo.–Fr. 7–11, 12–15 und ab 17.30 Uhr, Sa., So. 8–15 und 17.30 Uhr bis spät, Brunch Sa., So. 11–14.30 Uhr. Dieses schicke italienische Restaurant befindet sich im Dachgeschoss des Hotels The Dean (s. S. 123). Man hat einen fantastischen Rundblick über die Stadt.

› **The Winding Stair** (s. S. 88). Schöner Blick über den Liffey.

041du-kf

Die Rooftop Bar des Anantara The Marker Hotel

Mein Tipp

Lecker vegetarisch

Lokale mit vegetarischer und veganer Küche zu finden, ist in Dublin kein Problem. Die meisten Restaurants haben mindestens ein oder zwei entsprechende Gerichte auf der Speisekarte und oft bekommt man sogar eine spezielle vegetarische, vegane oder glutenfreie Speisekarte gereicht. Einzig in traditionellen kleinen Cafés oder in manchen gehobenen Restaurants könnten Veganer oder Besucher, die glutenfreies Essen brauchen, vergeblich etwas auf der Karte suchen. Wenn man hier aber vorher freundlich anfragt, kann die Küche trotzdem oft etwas Leckeres bieten.

Besonders interessant sind diese vegetarischen Restaurants:

- **Cornucopia** (s. S. 70)
- **The Saucy Cow** (s. S. 73)
- **Govinda's Vegetarian Restaurant** (s. S. 71)

Preiswerte vegetarische und vegane Kost gibt es in Govinda's (s. S. 71)

042du-kf

giert als Küche und Anlaufstelle für die Bestellung. Gegessen wird draußen in dem alternativ-urbanen Biergartenambiente des Bernard-Shaw-Pubs. Je nach Tag und Zeit gibt es dazu Livemusik und ein Großteil ist überdacht, sodass man auch bei Regen nicht hungrig bleibt.

41 [I7] **The Cedar Tree** €€€, 11 St Andrew's Street, D02 Y367, Tel. 01 6772121, geöffnet: Mo.–Mi. 11.30–23, Do.–Sa. 11.30–24, So. 14–22 Uhr. In diesem orientalisch eingerichteten Restaurant gibt es libanesische Küche vom Feinsten: Grill- und Gemüsegerichte, gefüllte Teigtaschen und natürlich eine riesige Auswahl an Mezze. Die Gerichte sind vielfältig und es findet sich für Fleischliebhaber genauso etwas wie für Vegetarier und Veganer.

42 [H6] **The Church** €€€–€€€€, Mary Street/Jervis Street, D01 YX64, Tel. 01 8280102, www.thechurch.ie, geöffnet: Mo.–Mi. 10.30–23, Do. 10.30–23.30, Fr. 10.30–0.30, Sa. 10.30–1.30, So. 11.30–23 Uhr. Café, Bar, Restaurant und Nachtclub in einer ehemaligen Kirche aus dem 18. Jh. mit sehenswerter Innenausstattung. Kurios ist vor allem, dass die Orgel immer noch auf der Empore thront. Im Restaurant wird moderne, gehobene Küche serviert und auch an der Bar kann man einen Happen zu sich nehmen. Im Sommer lässt es sich gemütlich draußen sitzen.

43 [I6] **The Hungry Mexican** €€, 5 Aston Quay, Temple Bar, D02 PN56, Tel. 01 5559057, www.thehungrymexican.ie, geöffnet: Mo.–Do. 15.30–23, Fr.–So. 12–23 Uhr. Lebendiges, mexikanisches Restaurant in Temple Bar direkt am Liffey. Man sollte sich auf keinen Fall von der schwarzen Fassade und der dunklen Einrichtung abschrecken lassen. Das Essen in diesem Restaurant (auch vegan und glutenfrei, sogar bei den Nachspeisen) ist lecker und preiswert und der Service freundlich und persönlich. Wie der Name schon sagt, gibt es mexikanische Gerichte von Burritos und Enchiladas bis Chimichangas und Tacos. Man sollte aber auf jeden Fall Platz für einen Nachtisch lassen – vor allem die Nutella-Churros sind verführerisch.

44 [H7] **The Saucy Cow** €€, 19 Crane Lane, D02 R891, www.thesaucycow.com, geöffnet: tägl. 12–21 Uhr. Veganes Burger-Restaurant, auch „Loaded Fries" (Pommes mit zahlreichen Toppings, z. B. „The Taco Fries") und andere kleine Gerichte, z. B. „The Salt and Chilli Tofu".

45 [I7] **Trocadero** €€€€, 4 St Andrew's Street, D02 ET32, Tel. 01 6775545, www.trocadero.ie, geöffnet: Di.–Fr. 17–22.30, Sa. 16.30–22.30, So. 15–20 Uhr. Gehobene Küche mit Schwerpunkt auf frischen, regionalen Zutaten und mit deutlich französisch-italienischem Einschlag. Es gibt viel Fisch und Rind, aber auch Lasagne oder Risotto und dazu eine sehr umfangreiche Weinkarte. Das sogenannte Pre-Theatre Menu ist preiswerter als à la carte.

Cafés und Bistros

› **Avoca Café** €€, im Kaufhaus Avoca (s. S. 84), Tel. 01 6774215, www.avoca.com, geöffnet: Mo.–Sa. 9–17, So. 10–17 Uhr. Ungewöhnliche Mischung aus Kaufhaus mit Produkten „made in Ireland" und Café-Restaurant mit moderner irischer Küche. Sehr gut zum Frühstücken!

46 [I7] **Bewley's Oriental Café** €€-€€€, 78–79 Grafton Street, D02 K033, Tel. 01 8160606, www.bewleys.com, geöffnet: Mo.–Fr. 8.30–17.30, Sa. 8.30–18.30, So. 9–18 Uhr. Bewley's ist eines der bekanntesten Cafés und Bistros in Dublin. 1894 eröffnete das erste Bewley's Café in Dublin und seit 1927 befindet es sich in der Grafton Street. In traditionellem Ambiente gibt es hier nicht nur Tee und Kaffee der eigenen Marke, sondern in der hauseigenen Bäckerei (im Untergeschoss, man kann zusehen) werden verführerische Kuchen und Torten für den Verkauf im Café gebacken. Außerdem kann man sehr gut frühstücken und auch Mittagsgerichte bekommen.

47 [H8] **Goose on the Loose** €, 2 Kevin Street Lower, D08 X622, Tel. 086 1529140, https://goose-on-the-loose.business.site, geöffnet: Mo.–Fr. 8–17, Sa., So. 9–17 Uhr. Crêperie und Café, in dem man auch eine sehr gute Frühstücksauswahl hat.

48 [M6] **Herbstreet** €€ ✿, 3 Hanover Quay, Grand Canal Dock, D02 K166, Tel. 01 6753875, www.herbstreet.ie, geöffnet: Di., Mi. 12–15 und 17–19.30, Do., Fr. 9–15 und 17–19.30, Sa. 10–15 und 17–19.30, So. 10–15 Uhr. Modernes Café-Restaurant, das sehr viel Wert auf Nachhaltigkeit und Umweltverträglichkeit legt. Interessante Vintage-Einrichtung. Gut zum Frühstücken.

49 [J8] **KC Peaches** €-€€, 35–37 St Stephen's Green North, D02 NY63, Tel. 01 6425903, www.kcpeaches.com, geöffnet: Mo. 7.30–17, Di.–Fr. 7.30–18, Sa. 8–18, So. 8.30–17 Uhr. Selbstbedienungscafé mit drei Filialen in Dublin. Der Schwerpunkt liegt auf Vollwertkost und gesunder Küche. Zum Frühstück gibt es außer dem traditionellen irischen warmen Frühstück (auch in veganer Version) Sandwiches, Burritos, Bagels, Omelette oder amerikanische Pfannkuchen. Später am Tag kann man außerdem noch warme Gerichte, Salate, Kuchen und Teilchen bekommen. Dazu passt einer der Smoothies oder der frischen Säfte. Das Ambiente ist modern-minimalistisch und KC Peaches ist eine gute Anlaufstelle für ein schnelles, gesundes Mittagessen oder einen Happen zwischendurch.

50 [I6] **The Bagel Bar** €, 18 Lower Liffey Street, D01 F861, Tel. 01 8748287, www.thebagelbars.com, geöffnet: Mo.–Fr. 8–18, Sa. 9.30–18, So. 10.30–18 Uhr. Reich belegte Bagels und Sandwiches in vielen Varianten, auch vege-

tarisch. Hier kann man preiswert und lecker zum Mittagessen einkehren. Der Platz ist etwas begrenzt.

51 [H6] **The Joy of Chá** €, 10 Essex Street East, D02 TF24, Tel. 01 6775121, www.joyofcha.ie, geöffnet: tägl. 9–20.30 Uhr. Gemütlicher Teeladen, in dem man auch preiswert kleine Gerichte essen kann. Sehr große Auswahl an Tee, Kaffeesorten, heißer Schokolade und leckeren Kuchen.

MEIN TIPP

Der erste Kaffee

Ein irisches Frühstück mit allem, was dazu gehört, sollte man unbedingt einmal probieren, aber man findet auch Croissants, süße Teilchen, Porridge (Haferbrei) oder Müsli auf vielen Frühstückskarten. Möchte man nur einen Kaffee oder Tee trinken, ist das aber auch kein Problem. Diese Cafés sind besonders am Morgen zu empfehlen:

- **Avoca Café** (s. S. 73)
- **Bewley's Oriental Café** (s. S. 73)
- **Two Pups Coffee** (s. rechts)
- **Urbanity** (s. rechts)

044du-kf

- **The Silk Road Café** €€, Chester Beatty Library 14, Dublin Castle, Castle Street, D02 AD92, Tel. 01 4070770, www.silkroadkitchen.ie, geöffnet: Mo., Di., Do., Fr. 10–16.30, Mi. 10–19.30, Sa. 11–16.30, So. 13–16.30 Uhr (Mittagessen ab 12 Uhr), Okt.–Mai Mo. geschlossen. Café-Restaurant in der berühmten Chester Beatty Library 14. Man sitzt im lichtdurchfluteten Atrium und kann Spezialitäten aus dem Orient, dem Mittelmeerraum und Nordafrika genießen. Das Essen ist hervorragend und wird jeden Tag frisch zubereitet. Es gibt Selbstbedienung und auch eine gute Auswahl an vegetarischen/veganen und glutenfreien Speisen. Außerdem lohnt sich der sogenannte „Afternoon tea with a twist“, bei dem man statt der sonst üblichen Sandwiches und kleinen Kuchen Süßes und Herzhaftes aus etwa 15 verschiedenen Ländern serviert bekommt (30 €, eine Woche im Voraus bestellen!).

52 [G8] **Two Pups Coffee** €-€€, 74 Francis Street, Merchants Quay, D08 KA43, www.twopupscoffee.com, geöffnet: Mi.–Fr. 8.30–15.30, Sa., So. 9.30–16 Uhr. Trendiges Café in den Liberties. Die Einrichtung ist urban-industriell und besteht aus groben Holzplanken und zusammengewürfelten Stühlen. Es gibt außer Kuchen und kleinen Snacks Frühstück und Brunch – von Porridge über Salate bis Avocado auf Toast findet sich etwas für jeden Geschmack (auch vegan/vegetarisch und glutenfrei).

53 [F6] **Urbanity** €€, The Glasshouse, 11 Coke Lane, Smithfield, D07 WNP2, Tel. 01 8747288, www.urbanity.ie, geöffnet:

In Dublin gibt es nicht nur Tee, auch Kaffee und Espresso können sich sehen lassen tägl. 8–16 Uhr. Café mit eigener Rösterei in Smithfield, nicht weit von der Jameson Distillery 27. Das Ambiente ist modern, minimalistisch und leicht skandinavisch angehaucht. Vor allem die Frühstücks- und Brunchauswahl ist sehr gut, mittags gibt es hauptsächlich Sandwiches und Salat, aber abends stehen warme Gerichte auf der Karte. Die Küche ist modern und international, vor allem mit Einflüssen aus dem Mittelmeerraum und dem Nahen Osten.

Imbiss und Take-away

54 [I10] **Eatyard Portobello** €, 9–10 South Richmond Street, D08 VW66, Tel. 01 5638702, www.thebernardshaw.com/eatyard, geöffnet: Do.–So. 12–22 Uhr. Streetfood-Markt neben dem Pub The Bernhard Shaw mit großer Auswahl. Von chinesischen Knödeln über Burger bis zu süßen Naschereien aller Art kann man sich hier durch die kulinarischen Trends futtern.

043du-kf

Hip: der Streetfood-Markt Eatyard Portobello

MEINE TIPPS

Für den späten Hunger

Hat man am Abend noch Lust auf etwas Essbares, so ist das in Dublin kein Problem. Viele Restaurants und Gastropubs servieren bis etwa 20/21 Uhr. Für die nächtliche Heißhungerattacke gibt es außerdem:

- **BóBós** (s. S. 70), Filiale Temple Bar geöffnet: So.–Fr. bis 22, Sa. bis 3 Uhr, Filiale Portobello geöffnet: Fr., Sa. bis 3, Do., So. bis 22 Uhr
- **Eatyard Portobello,** geöffnet: bis 22 Uhr (s. S. 75)
- **Trocadero,** geöffnet: Mo.–Sa. bis 22.30 Uhr (s. S. 73)

Dinner for one

In Dublin wie auch im Rest von Irland kann man ohne Probleme allein in Restaurants, Cafés oder Kneipen gehen. In **Restaurants** ist es üblich, am Eingang zu warten, bis man einen Tisch zugewiesen bekommt. Hier bittet man dann einfach um einen Tisch für eine Person („A table for one, please.“).

In **Cafés** kann man sich hinsetzen, wo Platz ist, sollte aber vielleicht nicht gerade einen Vierertisch in Anspruch nehmen, wenn es freie kleine Tische gibt. In **Kneipen,** außer im Restaurantteil, kann man sich ebenfalls nach Belieben hinsetzen. Hier wird es oft so voll und eng, dass man kein Problem damit haben wird, mit den Tischnachbarn oder anderen Pubbesuchern ins Gespräch zu kommen. Wenn man sich unterhalten möchte, ist ein Platz an der Theke wahrscheinlich die beste Wahl.

Dublin am Abend

Dublin ist eine Stadt mit einem lebendigen Nachtleben und vielen guten Orten zum Ausgehen. Wenn man in Irland an Abendunterhaltung denkt, fallen einem zuerst die typisch irischen Pubs mit traditionellen Livemusik-Sessions ein, von denen in der Stadt natürlich eine Menge zu finden sind.

Die höchste Konzentration an Pubs und Bars findet sich in dem besonders bei Touristen beliebten Bezirk **Temple Bar** 11 südlich des Flusses Liffey. Hier ist bis in die frühen Morgenstunden etwas los – und das nicht nur am Wochenende. Allerdings ist die Gegend mittlerweile sehr überlaufen und an manchen Abenden kommt man kaum durch die Menge. Mag man es etwas weniger voll, gibt es aber durchaus andere Ecken, zum Beispiel in den neu ausgebauten **Docklands,** rund um die **O'Connell Street** nördlich des Flusses und in zunehmendem Maße auch in **Smithfield,** wo sich auch die Old Jameson Distillery 27 befindet.

Wenn man in Dublin ausgeht, sollte man sich auf jeden Fall einen Abend für einen Pubbesuch mit **Live Session** nehmen, um diese einmalige Atmosphäre zu erleben. Die Musiker, die dort spielen, sind oft hervorragend und das Bier schmeckt um so besser, wenn das Ambiente stimmt.

Außer den traditionellen Pubs mit oder ohne Musik gibt es auch eine große Bandbreite an weiteren Unterhaltungsmöglichkeiten für den Abend: Bars mit Spätlizenz, oft kombiniert mit einer Bühne für Live-Auftritte, eine lebendige Comedy- und Kleinkunstszene, eine enorme Anzahl an hervorragenden Theatern und zwei gute Programmkinos.

Bars und Pubs

55 [J6] **Bowe's Lounge Bar,** 31 Fleet Street, D02 DF77, Tel. 01 6714038, www.bowespub.com, geöffnet: So., Mo. 12–0.30, Di.–Sa. 12–2.30 Uhr. Beliebter, alteingesessener Pub (seit 1880) mit traditionellem Charme nicht weit vom Trinity College. Sehr gute Whiskeyauswahl und freundlicher Service.

56 [I7] **Davy Byrnes,** 21 Duke Street, D02 K380, Tel. 0877121405, www.davybyrnes.com, geöffnet: Mo.–Sa. 12–0.30, So. 12–23 Uhr. Schönes Art-déco-Interieur. Neben anderen literarischen Größen hat hier schon James Joyce sein Bier getrunken und dem Pub in seinem Roman „Ulysses" ein Denkmal gesetzt.

57 [J6] **Doyles,** 9 College Street, D02 WN62, Tel. 01 6710616, www.doylesintown.com, geöffnet: Mo. 12–24, Di.–Do. 12–1.30, Fr., Sa. 12–2.30, So. 15.30–24 Uhr. Gemütlicher, seit 1880 bestehender traditioneller Pub mit bunten Fliesen an der holzvertäfelten Bar, gemischtes Publikum und traditionelle Pubgerichte wie Burger oder Würstchen mit Kartoffelbrei.

58 [I7] **Grogan's Castle Lounge,** 15 William Street South, D02 H336, Tel. 01 6779320, www.groganspub.ie, geöffnet: Mo.–Do. 10.30–23.30, Fr., Sa. 10.30–0.30, So. 12.30–23 Uhr. Traditionelles Pub-Interieur, gut geeignet für ein ruhiges Bier und einen kleinen Snack.

59 [I5] **Madigan's,** 25 Earl Street North, D01 KX67, Tel. 01 8740646, www.madigansearlst.com, geöffnet: Mo.–Mi. 12–20, Do.–So. 12–21 Uhr. Nicht weit vom General Post Office. Madigan's wurde beim Osteraufstand von 1916 zerstört, aber kurz darauf mit viel Marmor und Glas neu aufgebaut, gemütlich und mondän. Links von dem Pub, kurz vor der Ecke, ehrt eine Statue James Joyce.

60 [I7] **McDaid's,** 3 Harry Street, D02 NC42, Tel. 01 6794395, geöffnet:

Mo.-Mi. 14-23, Do. 12-23.30, Fr., Sa. 12-0.30, So. 12-23 Uhr. Ab den 1930er-Jahren ein Anziehungspunkt für Dubliner Literaten. Der wohl bekannteste war Brendan Behan, der regelmäßig hier verkehrte. Heute ist McDaid's immer noch ein sehr beliebter Ort, um Freunde zu treffen und etwas zu trinken. Vor allem am Wochenende kann es voll werden.

61 [J6] **Mulligan's,** 8 Poolbeg Street, D02 TK71, Tel. 01 6775582, geöffnet: Mo.-Do. 12-23.30, Fr., Sa. 11-0.30, So. 12.30-23 Uhr. Seit dem 19. Jahrhundert gibt es ein Wirtshaus an diesem Ort, aber Mulligan's geht auf einen Pub aus dem Jahr 1782 zurück, der früher an einem anderen Ort zu finden war. Heute hat es fast den Anschein, als stamme die Einrichtung noch aus jenen Tagen. Sehr beliebter Pub, in dem schon James Joyce und John F. Kennedy ihr Pint getrunken haben.

62 [J8] **O'Donoghue's,** 15 Merrion Row, D02 PF50, Tel. 01 6607194, www.odonoghues.ie, geöffnet: Mo.-Do. 10-24, Fr., Sa. 10-1, So. 11-24 Uhr. Bekannter Pub mit angeschlossenem B&B, der fast jeden Abend traditionelle irische Livemusik bietet.

63 [I7] **The Bailey,** 1-4 Duke St, D02 ET99, Tel. 01 6704939, www.baileybarcafe.com, geöffnet: Mo.-Do. 12-23, Fr.-So. 12-0.30 Uhr. Von 1940 bis 1960 Treffpunkt der Dubliner Literaturszene und von James Joyce in seinem „Ulysses" beschrieben, allerdings befindet sich The Bailey nicht mehr im originalen Gemäuer, sondern in einem Gebäude aus den 1990er-Jahren und ist heute eine modern eingerichtete Bar mit gutem Speiseangebot.

Smokers' Guide

Irland führte 2004 als erster Staat ein **absolutes Rauchverbot** an allen Arbeitsplätzen ein, was natürlich auch Restaurants, Pubs und andere Orte mit Publikumsverkehr umfasst. In Pubs hat es sich eingebürgert, dass Raucher regelmäßig vor die Tür gehen. Räume für Raucher gibt es an öffentlich zugänglichen Orten nicht. Viele Pubs haben vor ihren Türen aber Überdachungen und manchmal sogar Tische, Stühle und Heizungen aufgestellt. So z. B.:

- **Davy Byrnes** (s. S. 76)
- **The Bailey** (s. links)
- **The Brazen Head** (s. S. 78)

045du-kf

› *Im McDaid's kehrte schon der Schriftsteller Brendan Behan regelmäßig ein*

⊙64 [I7] **The Bank,** 20–22 College Green, Dublin, D02 C868, Tel. 01 6770677, www.bankoncollegegreen.com, geöffnet: Mo.–Do. 10.30–23.30, Fr., Sa. 10.30–1, So. 11–23.30 Uhr. Die Bar ist einen Besuch wert, schon allein um das Innere dieses ehemaligen Bankgebäudes zu bestaunen: opulente Dekoration, Gewölbedecke und Mosaikboden machen dieses Kunstwerk perfekt. Es gibt gutes Essen und eine sehr gute Wein-, Bier- (auch glutenfrei) und Whiskeyauswahl.

⊙65 [F7] **The Brazen Head,** 20 Lower Bridge Street, D08 WC64, Tel. 01 6795186, www.brazenhead.com, geöffnet: tägl. 12–spät. Laut eigenen Angaben Irlands älteste Taverne: Ab 1198 konnte man an diesem Ort den Durst löschen, das jetzige Gebäude stammt allerdings aus dem Jahr 1754. Es wurde während des Osteraufstands 1916 und im Bürgerkrieg 1922 fast zerstört, da die schwersten Kämpfe in der Nähe stattfanden. Sowohl James Joyce als auch Brendan Behan haben gern hier getrunken und Joyce erwähnt die Kneipe in seinem „Ulysses".

⊙66 [I7] **The Chelsea Drugstore,** 25 South Great George's Street, D02 XY71, Tel. 01 6139094, www.thechelsea drugstore.ie, geöffnet: Mo.–Fr. 17 Uhr–spät, Sa., So. 12 Uhr–spät. Bar in einer ehemaligen Apotheke. Backsteinwände, edles, an Art déco erinnerndes Design und ein junges, trendiges Publikum. Außer Wein und Bier gibt es Gin und interessante Cocktails.

⊙67 [F5] **The Cobblestone,** 77 King Street North, Smithfield, D08 TP22, Tel. 01 8721799, www.cobblestonepub.ie, geöffnet: Mo.–Do. 16–23.30, Fr. 16–0.30, Sa. 13.30–0.30, So. 13.30–23 Uhr. Laut eigener Angabe „A drinking pub with a music problem" („Eine Kneipe zum Trinken mit einem Musikproblem"). The Cobblestone ist wohl einer der besten Orte in Dublin, um traditionelle irische Musik zu hören. Jeden Abend gibt es hervorragende traditionelle Sessions (Mo. ab 19, Di.–Fr. ab 17, Sa., So. ab 14 Uhr).

⊙68 [J7] **The Duke,** 9 Duke Street, D02 NR76, Tel. 01 6799553, www.the dukedublin.com, geöffnet: Mo.–Do. 11–23.30, Fr., Sa. 11–0.30, So. 12–23 Uhr. Ruhige, gemütliche Kneipe, nicht weit von der Grafton Street und gut zur Erholung nach dem Einkaufen. Von hier starten im Sommer jeden Abend und Nov.–März Do.–So.ab 19.30 Uhr die Dublin Literary Pub Crawls (s. S. 121) und mittwochs gibt es ab 20.30 Uhr Comedy (5 €).

⊙69 [I6] **The Oliver St John Gogarty,** 18–21 Anglesea Street, D02 RX38, Tel. 01 6711822, www.gogartys.ie, geöffnet: Mo.–Sa. 10.30–2.30, So. 12–1.30 Uhr. Besonders bei Touristen beliebter Pub in Dublins Szeneviertel Temple Bar. Livemusik Mo.–Sa. ab 14.30, So. ab 12 Uhr. Angegliedert sind ein Hostel und ein Restaurant. Der Namensgeber der Kneipe war ein bekannter Dubliner Arzt, der auch Gedichte schrieb und mit James Joyce befreundet war. Joyce machte ihn unter dem Namen „Buck Mulligan" in seinem „Ulysses" unsterblich.

⊙70 [I6] **The Palace Bar,** 21 Fleet Street, D02 H950, Tel. 01 6717388, www.the palacebardublin.com, geöffnet: So.–Do. 12–23.30, Fr., Sa. 12–0.30 Uhr. Viktorianisch-traditionelle Einrichtung mit *snugs*, kleinen, abgetrennten Ecken, in denen man etwas mehr Privatsphäre beim Trinken hat. In den 1940er-Jahren wurde der Pub berühmt, da der Herausgeber der „Irish Times" hier literarische Zirkel abhielt und die Palace Bar zum Anziehungspunkt für Journalisten und Intellektuelle wurde. Im oberen Stock gibt es freitags und am Wochenende oft gute traditionelle Livemusik.

⊙71 [K8] **Toners Pub,** 139 Lower Baggot Street, D02 N231, Tel. 01 6763090, www.tonerspub.ie, geöffnet: tägl. 10–24 Uhr. Taditioneller, nach dem Betreiber im Jahre 1923 benannter Pub mit alter viktorianischer Einrichtung inklusive *snugs*. Der Pub befindet sich an der Ecke zur Roger's Lane, die nach Andrew Rogers, dem ersten Besitzer dieser Wirtschaft im Jahre 1818, benannt ist.

Clubs und Livemusik

72 [H9] **Opium,** 26 Wexford Street, Portobello, D02 HX93, Tel. 01 5267711, www.opium.ie/spaces/club, geöffnet: Di., Mi. 16–23.30, Do. 12–23.30, Fr., Sa. 12–2.30, So. 12–23 Uhr. Auf drei Stockwerken kann man hier nach Lust und Laune essen, trinken und tanzen. Die Einrichtung ist unter anderem inspiriert von Tokioter Bars und Mangas und vom Dekor bis zum Essen geht es panasiatisch zu. Ganz oben gibt es einen Dachgarten mit Bar (The Botanical Garden), eine Cocktail-Lounge, ein Restaurant und einen Club, in dem DJs auflegen und bis in die frühen Morgenstunden abgetanzt wird.

73 [I6] **The Academy,** 57 Middle Abbey Street, D01 W573, Tel. 01 8779999, www.theacademydublin.com, Konzerte an verschiedenen Wochentagen ab 19 Uhr, Club Nights Fr., Sa. ab 22.30 Uhr. Ein Muss in Dublins Livemusikszene: beliebter Nachtclub mit drei Räumlichkeiten. Mehrmals die Woche Livemusik von House, Grime und Rock über Pop bis Indie.

74 [I6] **The Grand Social,** 35 Lower Liffey Street, D01 C3N0, Tel. 01 6771224, www.thegrandsocial.ie, geöffnet: So.–Mi. 9–0.30, Do.–Sa. 9–2.30 Uhr. Nachtclub mit verschiedenen Musikstilen im Untergeschoss und kleineren Konzerten im Obergeschoss (The Loft). Großer Biergarten auf dem Dach.

046du-kf

75 [J9] **The Sugar Club,** 8 Lower Leeson Street, D02 ET97, Tel. 01 6787188, www.thesugarclub.com, geöffnet: So.–Do. 18–23.30, Fr., Sa. 19–3 Uhr. Schicker Veranstaltungsort mit Disco in einem ehemaligen Kino, große Bandbreite an Musikstilen, auch Filmvorführungen.

76 [H6] **The Workman's Club,** 10 Wellington Quay, D02 VX36, Tel. 01 6706692, www.theworkmansclub.com, geöffnet: Mo.–Sa. 17–2.30, So. 17–1 Uhr. Club mit Retro-Einrichtung und viel Indie, House und Hip-Hop, außerdem fast jeden Abend Liveauftritte verschiedener Stilrichtungen.

77 [H9] **Whelan's,** 25 Wexford Street, D02 H527, Tel. 01 4780766, www.whelanslive.com, geöffnet: Mo.–Do. 17–1.30, Fr., Sa. 17–2.30, So. 17–1 Uhr. Ein Fixpunkt im Dubliner Nightlife! Es gibt jeden Abend DJs – unter anderem oben im Upstairs Venue Mo.–Do. die sogenannte „Silent Disco“, bei der man über Kopfhörer zwischen

Angeblich Dublins ältestes Lokal: The Brazen Head

zwei DJs wählen kann. Außerdem regelmäßig Livekonzerte, wo man sowohl bekannte Musiker als auch neue Talente hören kann.

Szene und Kleinkunst

78 [I7] **Comedy International (International Bar),** 23 Wicklow Street, D02 VH59, Tel. 01 6779250, www.intercomedy dublin.com, Einlass Di., Do. 20, Mi., So. 19.30, Fr., Sa. 19.30 und 21.45 Uhr, Eintritt: 10–15 €. Irlands ersten Comedy Club gibt es seit 1988. Die Comedyshows sind oben und unten im Pub gibt es meistens Livemusik.

79 [J6] **Laughter Lounge,** 4–8 Eden Quay, D01 WY93, Tel. 01 8783003, www.laughterlounge.com, geöffnet: Fr.–Sa. 19–1 Uhr. Sehr beliebter Comedy Club. Dazu gibt es Getränke und leckeres Essen, wenn man möchte. Für Letzteres empfiehlt es sich aber, einen Platz an einem Tisch zu buchen, damit man die Hände frei hat. Nach den Shows kann getanzt werden.

80 [H7] **Project Arts Centre,** 39 East Essex Street, D02 RD45, Tel. 01 8819613, www.projectartscentre.ie, Kasse und Ausstellung Mo.–Sa. 11–19 Uhr, Vorführungszeiten sind jeweils separat angegeben. Alles, was neu und aufregend ist, kommt hier auf die Bühne, dazu zählen auch zeitgenössisches Ballett, Comedy und Live Performances.

Theater, Konzerte und Kino

81 [J6] **Abbey Theatre,** 26 Lower Abbey Street, D01 K0F1, Tel. 01 8787222, www.abbeytheatre.ie, Kasse Mo.–Sa. 12–19 Uhr. Irlands Nationaltheater wurde 1904 vom Dramatiker William Butler Yeats gegründet und bringt bis heute neben modernen Aufführungen auch die klassischen Stücke der irischen Autoren auf die Bretter. Die Stücke sind größtenteils auf Englisch, aber manchmal wird auch Theater auf Irisch angeboten. Dem Abbey ist die Experimentierbühne Peacock Theatre angeschlossen.

35 **Bord Gáis Energy Theatre,** Grand Canal Square, Docklands, D02 PA03, Tel. 01 6777999, www.bordgaisenergytheatre.ie, Kasse Mo.–Fr. 11–17 Uhr und eine Stunde vor Vorstellungsbeginn. In dem spektakulären Bau kann man die ganze Bandbreite der darstellenden Kunst genießen (s. S. 50).

82 **Draíocht,** The Blanchardstown Centre, Blanchardstown, D15 RYX6, Tel. 01 8852622, www.draiocht.ie, Kasse und Galerie Mo.–Sa. 10–18 Uhr, Busse 39 und 39a u. a. ab Dawson Street (Stop 793) und Aston Quay (Stop 328). Kunst- und Kulturzentrum im Nordwesten Dublins mit zwei Bühnen, Galerien, Café, Studio und Übungsraum. Der irisch-gälische Name Draíocht bedeutet Magie und wird etwa „driijecht" ausgesprochen. Geboten werden Theaterstücke, Comedy, Tanz und Konzerte, aber auch Filmvorführungen, Ausstellungen mit bildender Kunst (Eintritt frei), Kurse und Kinderprogramm.

83 [I8] **Gaiety Theatre,** South King Street, D02 V097, Tel. 0818 719388, www.gaietytheatre.ie, Kasse Mo.–Sa. 11–18 Uhr oder bis 30 Minuten nach Beginn der letzten Vorstellung. Traditionshaus seit 1871: Geboten werden vor allem Theaterstücke, Opern, Ballett, Musicals und erfolgreiche leichte Stücke.

84 [I4] **Gate Theatre,** 1 Cavendish Row, East Parnell Square, D01 WY26, Tel. 01 8744045, www.gatetheatre.ie, Ticketverkauf online. Dublins elegantester Aufführungssaal in einem Gebäude aus dem 18. Jh. vereinigt die europäischen und amerikanischen Klassiker.

85 [H7] **Irish Film Institute,** 6 Eustace St, Temple Bar, D02 PD85, Tel. 01 6793477, www.ifi.ie, Kasse tägl.

Die Musik auf Dublins Straßen (von Mats Boie-Wegener)

Das Bild Dublins wäre nicht wirklich vollständig ohne die Straßenmusik und ihre Künstler. Ebenso kann ein Besuch dieser Stadt nie wirklich vollendet sein, ohne sich ein paar Minuten für die großartigen Musiker genommen zu haben. Ein kurzes Stehenbleiben, ein kleiner Applaus – es wird einem mit einem Lächeln gedankt, das von Herzen kommt.

Die Musik auf Dublins Straßen strotzt nur so von Qualität und Vielfalt. An Instrumenten sind u. a. Gitarren, Keyboards – ja selbst ab und an ein sogenanntes Baby Grand Piano, ein kleiner Flügel, wenn man so will – vertreten. Dazu kommen Stimmen, für die so manch einer wohl Eintritt zahlen würde. Gecovert werden bekannte Interpreten der Rock- und Popmusik: von Johnny Cash über Bruce Springsteen und Coldplay bis zu Ed Sheeran. Doch auch eigene Songs der Künstler sind zu hören.

Die Straßenmusik gehört zu Dublin, wie das Guinness zum Pub. Unvorstellbar, dass es je ein Dublin ohne seine „buskers" (Straßenmusiker) geben könnte. Das wird besonders deutlich, betrachtet man die vielen Berufstätigen, die während ihrer Mittagspause das Büro gegen die Fußgängerzone tauschen, um ein paar Minuten der Musik zu lauschen. Für viele Dubliner, aber auch für Touristen gehört die Musik längst fest zum Alltag, ob aktiv oder passiv. Die Musik auf der Straße wirkt dabei frei vom großen Kommerz und sämtlichen Verpflichtungen. Sie ist Tradition und Ausdruck der irischen Identität zugleich – ein Kulturgut, das über die Landesgrenzen hinaus bekannt ist und junge Musiker aus der ganzen Welt anzieht. Publikum und Musiker tragen somit zum internationalen Flair der Stadt bei.

Die Musiker folgen übrigens zahlreichen Vorgaben des Dublin City Council. So wurden die Orte und die Spieldauer ebenso klar festgelegt wie die maximale Lautstärke und ein Beginn zur vollen Stunde. Auf der Grafton Street z. B. beträgt die maximale Spieldauer eine Stunde, bevor der Ort gewechselt werden muss – mindestens 100 m entfernt vom vorherigen Ort. Angefangen werden darf hier um 11 Uhr, abends ist um 23 Uhr Schluss. Die Lautstärke ist auf 80 dB begrenzt. Für das Musizieren auf den Straßen Dublins ist eine Erlaubnis nötig, die ebenfalls beim Dublin City Council (www.dublincity.ie) einzuholen ist. Die Kosten hierfür betragen 30 €, weitere 60 € fallen für die Verwendung von Verstärkern an, beide Lizenzen haben eine Laufzeit von einem Jahr. Eine Besuchererlaubnis kostet 10 € (+20 € für Verstärker) und ist für zwei Wochen gültig.

047du-kf

12.30–21 Uhr. Programmkino, das vom Irish Film Institute betrieben wird. Diese Organisation hat sich nicht nur die Förderung des irischen Films auf die Fahnen geschrieben, sondern unterstützt auch aktiv die Verwendung von Filmen zu Bildungszwecken. Das Angebot umfasst alles von Indie- und Dokumentarfilmen bis zu Interessantem aus den Archiven. Es gibt außerdem eine Café-Bar mit gutem Speiseangebot und einen kleinen Laden, in dem man Bücher und Filme kaufen kann. Auf jeden Fall einen Besuch wert!

86 [F6] **Light House Cinema,** Market Square, Smithfield, D07 R6YE, Tel. 01 8728006, www.lighthousecinema.ie, Kasse tägl. 11–23 Uhr. Dieses kleine, moderne Programmkino ist einer der Veranstaltungsorte für das jährliche Dublin International Film Festival (s. S. 91). Es gibt internationale und irische Filme sowie Liveübertragungen von Theater- oder Ballettaufführungen. Die Sitze können nicht gebucht werden, also empfiehlt es sich, früh genug zu kommen. In dem angeschlossenen Café kann man gut bei einer Tasse Tee warten.

87 [J9] **National Concert Hall,** Earlsfort Terrace, D02 N527, Tel. 01 4170000, www.nch.ie, Kasse Mo.–Sa. 10–14 Uhr (telefonisch). Ursprünglich wurde das Gebäude 1885 als Kunst- und Ausstellungshalle errichtet, war ab 1908 Teil von University College Dublin und ist seit 1981 Konzerthalle. Hier finden regelmäßig herausragende Konzerte statt. Es gibt hauptsächlich Klassik, aber auch Jazz oder Folk.

88 [H6] **The Button Factory,** Temple Bar Music Centre, Curved Street, D02 RD26, Tel. 01 6709202, www.buttonfactory.ie, Kasse tägl. 8 Uhr (wenn es Vorstellungen gibt). Liveauftritte von Bands verschiedener Musikrichtungen, viel Indie, Fusion und alternativere Klänge. Der Hauptsaal fasst etwa 550 Personen und hat Tische im vorderen Bereich. Kleinere Musik- und Theaterveranstaltungen finden in der gemütlichen Bar statt.

89 **The Civic Theatre,** Belgard Square East, Tallaght, D24 NWN7, Tel. 01

049du-kf

4627477, www.civictheatre.ie, Kasse Mo.–Sa. 10–18 Uhr und eine Stunde vor Vorstellungsbeginn. Modernes Theater mit vielseitigem Programm. Es werden vor allem neue irische Stücke, Komödien und Konzerte gezeigt, aber auch Tanz und Talentshows. An der südlichen Endhaltestelle der Red Line der Luas-Straßenbahn (Richtung Tallaght) gelegen.

90 [F7] **Vicar Street,** 58–59 Thomas Street, The Liberties, D08 XOYO, Tel. 01 7755800, www.vicarstreet.com, Buchung nur über Ticketmaster (www.ticketmaster.com), geöffnet nur zu Konzerten. Populärer Veranstaltungsort mit Musikstilen von traditionellem Folk über Pop und Rock bis Blues and Jazz. Viele Größen des Musikgeschäfts wie Bob Dylan, Paul Simon oder Ed Sheeran sind hier schon aufgetreten.

Dublin zum Stöbern und Shoppen

Irlands Hauptstadt bietet eine Vielzahl an Einkaufsmöglichkeiten, ob man ein originelles Mitbringsel oder einfach Dinge des täglichen Lebens sucht. Man findet ein interessantes Angebot an irischem Kunsthandwerk, Musik und Musikinstrumenten, Büchern, Kleidung, aber auch eine gute Auswahl an kulinarischen Spezialitäten und Whiskey. Außerdem gibt es interessante Märkte und kleine Antik- oder Vintage-Läden.

Das Haupteinkaufsareal sind die **Grafton Street** [I7] und die Straßen unmittelbar südlich davon sowie die Fußgängerzone in der **Henry Street** [I5] gleich hinter dem General Post Office 21. Hier gibt es die großen internationalen Ketten, mehrere Einkaufszentren und eine große Fußgängerzone. Auch in **Temple Bar** 11 finden sich viele kleine Geschäfte und in **Smithfield** wird man ebenso fündig. Wenn man **Whiskey** kaufen möchte, geht man am besten in ein Spezialgeschäft oder gleich zum Hersteller, von denen sich viele in den Liberties befinden.

Kleine Pause vom Shopping im Powerscourt Centre (s. S. 84)

Einkaufszentren und überdachte Einkaufspassagen

91 [K5] **CHQ Building,** Dublin Docklands, D01 V229, www.chq.ie, geöffnet: tägl. 7–19 Uhr. In einem ehemaligen Lagerhaus befinden sich heute kleine Läden, Restaurants und Cafés.

92 [I7] **George's Street Arcade,** zwischen South George Street und Drury Street, D02 EE71, www.georgesstreetarcade.ie, geöffnet: Mo.–Mi. 9–18, Do.–Sa. 9–19, So. 11–18 Uhr. Eine Einkaufspassage im neogotisch-viktorianischen Backsteingebäude einer ehemaligen Markthalle. Das Angebot reicht von Geschenkartikeln, Schmuck und kleinen Lebensmittel- und Delikatessenläden bis zu Secondhandläden und Piercingstudios. Dazwischen finden sich auch kleine Restaurants und Cafés.

93 [I5] **ILAC Centre,** Henry Street, D01 RW86, www.ilac.ie, geöffnet: Mo.–Sa. 8.30–20 Uhr, So. 10–19 Uhr. Ein Einkaufszentrum, in dem die großen Ketten wie TK Maxx, Dunnes oder H&M, aber auch einige kleinere Läden vertreten sind. In der Dunnes Food Hall im Untergeschoss kann man gut für ein preiswertes Mittagessen haltmachen.

94 [H6] **Jervis Centre,** Jervis Street, D01 TR68, www.jervis.ie, geöffnet: Mo.–Mi. 9–18.30, Do. 9–21, Fr., Sa. 9–19, So.

050du-kf

11–18.30 Uhr. Eine moderne Einkaufspassage, in der von Unterhaltungselektronik über Herren- und Damenmode bis hin zu Kinderbekleidung alles angeboten wird.

95 [I7] **Powerscourt Centre,** South William Street, D02 W295, www.powerscourtcentre.ie, geöffnet: Mo.–Sa. 10–18, So. 12–18 Uhr, im Dezember Do. bis 20 Uhr. Eine bunte Mischung aus Geschäften von Mode über Kunsthandwerk bis zu Möbeln sowie verschiedene Restaurants und Cafés verteilen sich über drei Etagen in einem georgianischen Stadtpalais von 1744, das der adligen Powerscourt-Familie gehörte.

96 [I8] **Stephen's Green Shopping Centre,** St Stephen's Green, D02 HX65, www.stephensgreen.com, geöffnet: Mo.–Mi., Fr., Sa. 8.30–19, Do. 8.30–20, So. 11–18 Uhr. Hier finden sich eine Auswahl der großen, bekannten Ketten, aber auch eine Vielzahl an kleineren Läden sowie Cafés und Restaurants.

Kaufhäuser

97 [I5] **Arnotts,** 12 Henry Street, D01 C3Y9, www.arnotts.ie, geöffnet: Mo.–Mi. 10–19, Do. 10–21, Fr. 10–20, Sa. 9–19, So. 11–19 Uhr. Das größte und älteste Kaufhaus von Dublin (1843 eröffnet). Hier gibt es alles, von Kleidung und Schuhen über Parfum bis zu Elektrogeräten.

98 [I7] **Avoca,** 11–13 Suffolk Street, D02 C653, www.avoca.ie, geöffnet: Mo.–Sa. 9–18, So. 10–18 Uhr. Familiengeführtes Kaufhaus mit Produkten „made in Ireland“, besonders bekannt für Textilien. Falls man heimisches Brot zu sehr vermisst, kann man sich im Untergeschoss unter anderem mit exzellenten hausgemachten Backwaren eindecken.

99 [I7] **Brown Thomas,** 88 Grafton Street, D02 VF65, www.brownthomas.com, geöffnet: So., Mo. 11–19, Di., Mi. 10–19, Do. 10–21, Fr. 10–20,

Shoppingareale

Die wichtigsten Shoppingbereiche der Stadt sind im Kartenmaterial mit einer rötlichen Fläche markiert.

Sa. 9–20 Uhr. Kaufhaus mit Produkten der gehobenen Preisklasse, zum Beispiel Designermode. Vergleichbar dem KaDeWe in Berlin.

100 [H6] **Marks & Spencer,** 15–20 Grafton Street, D02 CV97, www.marksandspencer.com/ie, geöffnet: Mo., Di., Sa. 8–20, Mi.–Fr. 8–21, So. 10–19 Uhr. In dieser britischen Kaufhauskette, die bei den Dublinern sehr beliebt ist, findet man alles unter einem Dach. Im Obergeschoss gibt es ein gutes Café mit Dachterrasse.

Märkte

101 **Blackrock Market,** 19a Main Street, Blackrock, A94 V0D8, www.theblackrockmarket.com, geöffnet: Sa., So. 11–17.30 Uhr. Netter verwinkelter Markt mit Secondhand- und Antikläden, aber auch interessantem kulinarischen Angebot. Hier lässt es sich herrlich stöbern. Blackrock ist von der Innenstadt gut mit dem DART zu erreichen (Blackrock DART Station) und der Markt liegt wenige Gehminuten von der Haltestelle entfernt.

102 [I5] **Moore Street Market,** Moore Street, D01 DE24, www.moorestreetmarkets.com, geöffnet: Mo.–Sa. 10–17 Uhr. Dublins ältester Obst- und Gemüsemarkt.

103 **People's Park Market,** Park Road, Dún Laoghaire, A96 H799, Facebook: People's Park Farmers Market, geöffnet: So. 10–16 Uhr. Eine gute Auswahl an Essen und Kunsthandwerk in einem viktorianischen Park.

104 [H7] **Temple Bar Designer Mart,** Cow's Lane, D08 HW42, www.templebarmarkets.com/designermart, geöffnet: Sa. 10–17 Uhr. Kunsthandwerk, Mode und vieles mehr.

105 [H6] **Temple Bar Food Market**, Meeting House Square, D02 CA26, www.templebarmarkets.com/foodmarket, geöffnet: Sa. 9.30–16 Uhr. Hier werden unter bunten Zeltdächern Spezialitäten und Delikatessen aus aller Welt, viele aus biologischem Anbau, angeboten.

106 [F8] **The Liberty Market,** Meath Street, D08 A526, www.libertymarket.ie, geöffnet: Do., Fr. 10–16, Sa. 10–17 Uhr. In einer Markthalle werden Kleidung, Kunsthandwerk und Alltagsgegenstände zu niedrigen Preisen angeboten.

Einkaufen auf mehreren Etagen: Stephen's Green Shopping Centre

Toll zum Stöbern: der Blackrock Market

051du-kf

Kulinarisches

107 Arctic Stone Ice Cream, Blackrock Market, 19A Main Street, Blackrock, A94 V0D8, www.arcticstone.ie, geöffnet: Fr. 15–21, Sa. 11–20, So. 12–19 Uhr. Ungewöhnlicher Eisladen, bei dem die Eismasse mit verschiedenen Früchten, Nüssen oder anderen Leckereien auf eine eisgekühlte Platte gestrichen und dann mit einem Schaber in Röllchen abgenommen wird. Sehr lecker und es gibt auch viele Varianten auf Pflanzenmilchbasis.

108 [I7] **Fallon & Byrne,** 11–17 Exchequer St, D02 RY63, www.fallonandbyrne.com, geöffnet: Mo.–Sa. 8–20, So. 10.30–19 Uhr. Großer Feinkostladen (Foodhall) mit angeschlossenem Restaurant.

109 [J7] **Sheridans Cheesemongers,** 11 Anne Street South, D02 TH73, www.sheridanscheesemongers.com, geöffnet: Mo.–Fr. 10–17, Sa. 10–18 Uhr. Riesenauswahl an Käse aus Irland und ganz Europa.

110 [I10] **The Bretzel Bakery,** 1a Lennox Street, Portobello, D08 RK23, www.bretzel.ie, geöffnet: Mo.–Fr. 8–18, Sa., So. 8–16 Uhr. Koschere Bäckerei beim Jewish Museum, die seit 1870 existiert. Man kann aus einem riesigen Angebot an verschiedenen Brot-, Brötchen- und Kuchensorten wählen.

Mode und Accessoires

111 [I7] **A Store is Born,** 34 Clarendon Street, D02 DE61, www.astoreisborn.ie, geöffnet: nur Sa. 11–18 Uhr. Erlesene Damenkleidung aus zweiter Hand.

112 [F7] **Betty Bojangles,** 77 Thomas St, D08 H2T6, Facebook: Bettybojanglesdublin, geöffnet: Mo.–Sa. 10.30–18 Uhr. Ausgefallene Vintagemode und Accessoires, eher am oberen Ende der Preisskala.

113 [I7] **Costume,** 10 Castle Market, D02 C656, www.costumedublin.ie, geöffnet: Mo.–Sa. 10–18 Uhr. Elegante Damenkleidung, Schuhe und Accessoires von den führenden Designern Europas.

114 [I6] **Dublin Vintage Factory,** 1 Merchant's Arch, Temple Bar, D02 EY65, www.dublinvintagefactory.com, geöffnet: Mo.–Mi., Fr. 12–18, Do. 12–19, Sa. 11–18, So. 12–17 Uhr. Großer Secondhand-Laden mit einer großen Auswahl an verschiedenen Stilen. Hervorragend zum Stöbern.

115 [H6] **Indigo & Cloth,** 9 Essex St E, D02RW53, www.indigoandcloth.com, geöffnet: Mo.–Sa. 10–18, So. 10–17 Uhr. Moderne Herrenmode und Accessoires von irischen und internationalen Designern. Es gibt auch ein schickes Café.

116 [I7] **Jenny Vander,** 50 Drury Street, D02 K462, Facebook: Jenny Vander, geöffnet: Mo.–Mi., Fr. 11–17, Do. 11–18.30, Sa. 11–18 Uhr. Beliebter Laden für Vintagemode. Man findet hier von schicker Kleidung über Roben aus dem 19. Jh. bis zu schrägen Outfits aus den 1980er-Jahren alles. Gute Auswahl an Schmuck.

117 [I7] **Om Diva,** 27 Drury Street, D02 TK75, www.omdivaboutique.com, geöffnet: Mo.–Mi., Fr., Sa. 10–18.30, Do. 10–19.30, So. 12–18 Uhr. Ein bunter Mix aus Secondhandkleidung, Kreationen junger irischer Designer und Mode aus Indien und anderen asiatischen Ländern.

118 [I6] **Siopaella,** 30 Wicklow St, D02 Y037, www.siopaella.ie, geöffnet: Mo.–Sa. 10–18 Uhr. Basierend auf der Idee von Kreislaufwirtschaft, also dem Versuch, Dinge, die einmal gekauft wurden, nicht wegzuwerfen, sondern wiederzuverwerten, verkauft dieser kleine Laden Secondhandmode und Dekorationsgegenstände. Der Fokus liegt auf

Luxusmarken und Designermode. Direkt nebenan (29 Wicklow Street) befindet sich ein weiterer Laden.

Schuhe

119 [I5] **Clarks,** 85 Grafton Street, D02 Y248, www.clarks.com, geöffnet: Mo.-Mi., Fr. 9-19, Do. 9-20, Sa. 9-18.30, So. 11-19 Uhr. Hochwertige Schuhe für Damen, Herren und Kinder, gute Beratung.

120 [I7] **Office,** 7 Grafton Street, www.office.co.uk, D02 Y308, geöffnet: Mo.-Mi., Fr. 9-19, Do. 9-20, Sa. 9-18.30, So. 11-19 Uhr. Hier kann man moderne Schuhmode für die ganze Familie kaufen. Es gibt auch eine Auswahl an veganen Schuhen.

Eis in Röllchenform gibt es bei Arctic Stone Ice Cream

Bücher

121 [I8] **An Siopa Leabhar,** 6 Harcourt Street, D02 VH98, www.siopaleabhar.com, geöffnet: Mo.-Sa. 10-17 Uhr. Buchladen mit irischsprachigen Büchern, auch viele Lehr- und Wörterbücher sowie Grammatiken. Hier kann man sich bei Interesse auch über Sprachkurse informieren. Im Keller befindet sich eine von Conradh na Gaeilge, der Vereinigung zur Förderung der irischen Sprache (www.cnag.ie) betriebene Bar.

122 [I5] **Chapters Bookstore,** Ivy Exchange, Parnell Street, D01 P8C2, www.chapters.ie, geöffnet: Mo.-Sa. 9-18, So. 12-18 Uhr. Irlands größter unabhängiger Buchladen. Neue und gebrauchte Bücher, DVDs und CDs.

123 [I7] **Dubray,** 36 Grafton Street, Dublin, D02 X560, www.dubraybooks.ie, geöffnet: Mo.-Fr. 9-21, Sa. 9-19, So. 10-18 Uhr. Familiengeführter Buchladen mit acht Filialen auf der Insel. Gute Auswahl an Büchern über Dublin und die Region. Die Beratung ist freundlich und gut und es gibt ein nettes kleines Café.

124 [I6] **Eason,** 40 Lower O'Connell Street, D01 PY90, www.easons.com, geöffnet: Mo.-Fr. 8.30-17.30, Sa. 9-17.30, So. 12-17 Uhr. Größte Filiale dieser irischen Kette, die sich vor allem auf Bestseller spezialisiert hat und auch Schreibwaren, Zeitungen und Zeitschriften verkauft.

125 [I6] **Forbidden Planet International,** 5-7 Crampton Quay, D02 VX56, www.forbiddenplanet.co.uk, geöffnet: Mo., Di. 10-18, Mi.-Fr. 10-19, Sa. 9.30-18, So. 11-17 Uhr. Laden einer britischen Kette, in der Science-Fiction- und Fantasy-Fans so ziemlich alles finden können, was gerade angesagt ist. Es gibt vor allem Comics und Fanartikel.

126 [J7] **Hodges & Figgis,** 56 Dawson Street, D02 XE81, www.hodgesfiggis.ie, geöffnet: Mo.-Fr. 9-19 (Do. bis 20), Sa. 9-18, So. 11-18 Uhr. Größter und ältester Buchladen der Stadt (seit 1768) mit sehr guter Auswahl.

127 [H7] **Temple Bar Book Market,** Barnardo Square, D02, www.templebarmarkets.com/bookmarket. Jeden Sa. kann man sich hier von 10.30 bis 17 Uhr durch jede Menge Bücher aller Art, aber auch CDs und Vinyl-Schallplatten wühlen.

128 [H7] **The Gutter Bookshop,** Cow's Lane, D08 RR82, www.gutterbookshop.com, geöffnet: Mo.-Sa. 10-18.30, So. 12-18 Uhr. Unabhängiger Buchladen in Temple Bar, in dem man auch mal ungewöhnlichere Titel finden kann. Außerdem gibt es Lesungen und andere Veranstaltungen.

129 [I7] **The Secret Book and Record Store,** 15 Wicklow St, D02 C924, www.thesecretbookstore.ie, geöffnet: tägl. 11-18.30 Uhr. Gut versteckt - zum Eingang kommt man durch einen Hinterhof - ist dieser Secondhandladen eine Fundgrube für Leseratten und Musikfans.

130 [I6] **The Winding Stair,** 40 Ormond Quay, D01 R9Y5, www.winding-stair.com, geöffnet: Mo.-Sa. 10.30-18, So. 12-18 Uhr. Kleiner, uriger Buchladen (neu und secondhand), in dem man auch eine Tasse Tee oder Kaffee trinken kann. Sehr gutes Restaurant mit irischer Küche im ersten Stock.

057du-kf

Musik und Filme

› **The Secret Book and Record Store** (s. S. 88)

131 [J7] **Tower Records,** 7 Dawson Street, D02 X688, www.towerrecords.ie, geöffnet: Mo.-Sa. 9-19, So. 11.30-18.30 Uhr. Fachgeschäft für Musik und Filme, auch in seltenen Formaten und Vinyl. Außerdem gibt es Fanartikel, Plattenspieler und Hi-Fi-Zubehör.

132 **Waltons Music,** Unit 426, Retail Park 3, Blanchardstown Shopping Centre, Blanchardstown Road South, D15 Y951, Busse 17a, 37, 39, 39a, 76a, 220, 236,

◁ Bei Jam Art Factory gibt es modernes irisches Design

238, 239, 270, www.waltons.ie, geöffnet: Mo.–Sa. 9–18, So. 11–18 Uhr. Früher im Stadtzentrum, nun im Einkaufszentrum des Stadtteils Blanchardstown: Hier gibt es eine große Auswahl an Instrumenten, auch traditionelle irische, und Noten für alle Stilrichtungen. Gute Beratung.

Kunst, Kunsthandwerk und Geschenkartikel

- **133** [H7] **Design Lane,** Unit 2, Old City Pudding Row, Essex Street West, D08 V004, www.designlane.ie, geöffnet: Mo.–Sa. 11–18, So. 12–18 Uhr. Dieser Laden wird von mehreren Künstlern und Kunsthandwerkern betrieben, die dort ihre Stücke ausstellen und verkaufen. Es gibt Keramik, Mode, Schmuck, Kunstdrucke und Haushaltsgegenstände – irisches Design vom Feinsten.
- **134** [G7] **Jam Art Factory (1),** 64/65 Patrick Street, D08 RV04, www.jamartfactory.com, geöffnet: tägl. 10–18 Uhr. Modernes irisches Design: Hier gibt es Keramik, Textilkunst, Schmuck und vor allem Kunstdrucke, auch mal unkonventioneller. Weitere Filiale in Temple Bar:
- **135** [I6] **Jam Art Factory (2),** 14 Crown Alley, Temple Bar, D02 RX36
- **136** [J7] **Kilkenny Design Centre,** 6 Nassau Street, D02 W865, www.kilkennyshop.com, geöffnet: Mo.–Mi. 9.30–19.30, Do., Fr. 9.30–20, Sa. 9.30–19, So. 10–19 Uhr. Hier gibt es nur irische Produkte, von Glaswaren über Keramikartikel und Schmuck bis hin zu Mode.
- › **This is Knit,** Powerscourt Centre (s. S. 84), 1. Stock, www.thisisknit.ie, geöffnet: Mi.–Sa. 11–17 Uhr. Strickladen mit sehr guter Auswahl an irischer Wolle und Strickmustern.

111du-kf

Der Strickladen This is Knit im lichtdurchfluteten Innenhof des Powerscourt Centre

MEIN TIPP

Shop 'n' Stop

Wer nach einem ausgiebigen Einkaufsbummel die müden Füße ausruhen und eine kleine Pause einlegen möchte, findet in allen Einkaufszentren und den großen Kaufhäusern Restaurants und Cafés. Besonders zu empfehlen sind:

- › **Avoca** (s. S. 84)
- › **Dubray** (s. S. 87)
- › **Marks & Spencer** (s. S. 85)
- › **The Winding Stair** (s. S. 88)

Dublin zum Durchatmen

Nach langen und anstrengenden Erkundungstouren kann man sich bei entsprechendem Wetter in einem Park oder auf einer der innerstädtischen Grünflächen ausruhen und vielleicht in einem neu erworbenen Buch oder auch in einer Zeitung schmökern.

Die grüne Lunge im Zentrum der irischen Hauptstadt ist der 9 ha große Park **St Stephen's Green** 1. Man kann hier spazieren gehen, viele Bänke laden zum Verweilen ein, auf den Rasenflächen kann man picknicken, an den Teichen und Seen den Wasservögeln zusehen – und der große alte Baumbestand sorgt dafür, dass man den Verkehrslärm der Innenstadt nur noch gedämpft wahrnimmt.

Doch auch kleine Oasen sorgen für Entspannung, so etwa der **Garden of Remembrance** 24, der an den Osteraufstand von 1916 erinnert. Entlang des künstlichen Wasserlaufs kann man auf den Bänken entspannen oder sonnenbaden.

Wirklich allein sein kann man im über 700 ha großen **Phoenix Park** 37 – selbst große Menschenmassen verlieren sich hier.

Der große Campus des **Trinity College** 8 bietet einige Grünflächen und versteckte Eckchen, wo man sich nach den anstrengenden Erkundungen in der geschäftigen Stadt regenerieren kann.

Die großen Innenhöfe der **Collins Barracks** (National Museum of Ireland – Decorative Arts and History 36) und des **Royal Hospital Kilmainham** (Irish Museum of Modern Art 38) sind bei schönem Wetter windgeschützte Sonnenfallen, in denen man in Ruhe draußen sitzen und nach einem Museumsbesuch ein wenig ausspannen kann.

In Glasnevin befinden sich die 1795 gegründeten **National Botanic Gardens**, in denen man mehr als 15.000 verschiedene Pflanzen aus aller Welt zu sehen bekommt. Der Eintritt ist frei und es gibt hier auch einen Eingang zum besuchenswerten Friedhof Glasnevin.

★137 **National Botanic Gardens**, Glasnevin, Dublin 9, www.botanicgardens.ie, geöffnet: im Sommer Mo.–Fr. 9–17, Sa., So. 10–18, im Winter Mo.–Fr. 9–16.30, Sa., So. 10–16.30 Uhr, Eintritt: frei

053du-kf

Zur richtigen Zeit am richtigen Ort

Egal, wann man in Dublin ist, es gibt immer eine große Auswahl an Veranstaltungen für jeden Geschmack. Tagesaktuelle Informationen zu Veranstaltungen findet man unter www.visitdublin.com/whats-on.

Winter/Frühjahr

- **Temple Bar Tradfest:** Ende Januar/Anfang Februar findet im Stadtteil Temple Bar Irlands größtes Festival mit traditioneller Musik statt (www.tradfest.com).
- **Dublin International Film Festival:** zweiwöchiges Filmfestival Ende Februar/Anfang März, bei dem irische und ausländische Regisseure ihre neuen Streifen dem Publikum präsentieren. Alle Kinos der Metropole sind in das Ereignis mit einbezogen (www.diff.ie).
- **Mountains to Sea DLR Book Festival:** Im März findet in Dún Laoghaire südlich von Dublin dieses literarische Ereignis statt. Zusätzlich zu Autorenlesungen und Buchvorstellungen werden Schreibwerkstätten und andere Kurse angeboten. Erreichbar ist Dún Laoghaire am besten mit dem DART oder mit den Bussen 7, 45a, 46a, 59, 75, 111 (Facebook: Mountains to Sea dlr Book Festival).
- **St Patrick's Festival:** Der 17. März ist der Geburtstag des irischen Nationalheiligen und für vier Tage feiern die Iren mit Umzügen in den Straßen und huldigen in den Pubs der Metropole ihrem heiligen Patrick (www.stpatricksday.ie).
- **Dublin Dance Festival:** zweiwöchiges internationales Tanzfestival im Mai, das sich besonders dem modernen Tanz widmet (www.dublindancefestival.ie).

Sommer

- **Women's Mini-Marathon:** 10 km langer Straßenlauf Ende Mai/Anfang Juni nur für Frauen. Die Einnahmen kommen wohltätigen Zwecken zugute (www.womensminimarathon.ie).

[<] Sommerliche Pause am Wasser – hier lässt es sich ideal entspannen

[v] Auch Corgis kommen um den St. Patrick's Day nicht herum

Feiertage

- 1. Januar (Neujahr)
- 17. März (St Patrick's Day)
- Ostermontag (Obwohl Karfreitag kein gesetzlicher Feiertag ist, haben viele Geschäfte geschlossen.)
- Erster Montag im Mai (Bank Holiday)
- Erster Montag im Juni (Bank Holiday)
- Erster Montag im August (Bank Holiday)
- Letzter Montag im Oktober (Bank Holiday)
- 25./26. Dezember (Weihnachten)

- **Bloomsday Festival:** Jeden Juni geht es fast eine Woche lang nur um James Joyce und sein literarisches Werk. Veranstaltungen gibt es an verschiedenen Orten in der Stadt (www.bloomsdayfestival.ie).
- **Dublin Pride:** einwöchiges Festival der Lesben und Schwulen an verschiedenen Orten der Stadt, Höhepunkt ist die Parade, die entweder am letzten Sonntag im Juni oder am ersten Sonntag im Juli stattfindet (www.dublinpride.ie).
- **Longitude:** Anfang Juli gibt es ein großes Festival mit irischen und internationalen Bands und DJs in Marley Park, südlich der Stadt (Grange Rd, Rathfarnham, Dublin, D14 Y6X5, www.longitude.ie).
- **Dublin Horse Show:** Jedes Jahr Mitte Juli ist Dublin im Pferdefieber. Es gibt Springreiten, Dressur und andere Veranstaltungen (Tel. 01 4569569, www.dublinhorseshow.com).
- **Dublin City Liffey Swim:** Ende Juli oder Anfang August schwimmen Hunderte von Iren von der Rory O'Moore Bridge bis zum Custom House 2,5 km weit den Fluss Liffey hinunter.

Herbst

- **Dublin Fashion Week:** Anfang September zeigt das Modefestival eine Woche lang alles, was der Laufsteg zu bieten hat (https://dublinfashionweek.com).
- **Dublin Fringe Festival:** Das Fringe Festival geht dem Theaterfestival voraus und bietet innerhalb von drei Wochen im September über 700 Theateraufführungen (www.fringefest.com).
- **Dublin Theatre Festival:** zweiwöchiges, großes europäisches Theaterfest Ende September bis Anfang Oktober in allen Theatersälen der Metropole (www.dublintheatrefestival.ie).
- **Culture Night:** Ende September öffnen in ganz Irland Museen, Galerien, Herrenhäuser, Kulturzentren und Kirchen für eine Nacht gratis ihre Türen für die Besucher. Allein in Dublin sind über 150 Kulturorte geöffnet und bieten zusätzlich zu den normalen Attraktionen Konzerte, Führungen oder Lesungen an. Um zu den Veranstaltungsorten zu gelangen, fahren zwischen 18 und 23 Uhr spezielle Buslinien (www.culturenight.ie).
- **Bram Stoker Festival:** Ende Oktober, ein Muss für Vampirfans. Gespenstischer Spaß mit Geschichtenerzählern, Verkleidungen, Musik und anderen Veranstaltungen (www.bramstokerfestival.com).
- **Dublin City Marathon:** Am letzten Montag im Oktober lassen es sich viele Iren und Besucher der Metropole nicht nehmen, an diesem 42-km-Lauf teilzunehmen. Die Läuferschar wächst von Jahr zu Jahr an, das Ziel befindet sich in der O'Connell Street (www.irishlifedublinmarathon.ie).

DUBLIN VERSTEHEN

019du-kf

Dublin – ein Porträt

Dublin ist die **Hauptstadt der Republik Irland** und die größte Stadt der Insel. Sie liegt an der Ostküste in der historischen Provinz **Leinster**. Durch die Stadt fließt der Fluss **Liffey**, der im südlich von Dublin gelegenen Gebirgszug der Wicklow Mountains seine Quelle hat und in die Bucht von Dublin mündet. Die **mittelalterliche Stadt** mit ihren engen Gassen wurde im 18. Jh. weitgehend saniert und durch breite Straßen und die mit ihren symmetrischen Formen an antiken Vorbildern orientierten **georgianischen Stadthäuser** ersetzt. In dieser Zeit galt Dublin, bis 1801 Hauptstadt des Königreichs Irland, wegen seiner Eleganz nach London als die zweite Stadt des British Empire. Dies änderte sich mit der Einverleibung Irlands in das Vereinigte Königreich. Dublin wurde zu einer verschlafenen Provinzstadt, was zur Folge hatte, dass die im 19. Jh. unmodern gewordenen georgianischen Stadthäuser nicht wie anderswo durch Gebäude im viktorianischen Stil ersetzt wurden. Stattdessen verfielen sie oft, einige stürzten sogar ein. Nach der Unabhängigkeit 1921 fiel ein nicht unerheblicher Teil von Dublins Architekturerbe zudem der zunächst geringen Wertschätzung durch den jungen Nationalstaat und zahlreichen Baubooms zum Opfer. Nichtsdestotrotz ist der britische Baustil des 18. Jh. zu einem der Markenzeichen Dublins geworden und wird seit den 1990er-Jahren offiziell als schützenswert befunden.

Dublin in Zahlen

- **Einwohner:** 593.000 (Volkszählung 2022)
- **Bevölkerungsdichte:** 5156 Einwohner/km²
- **Fläche:** 115 km²
- **Höhe ü. M.:** 20 m

Vorseite: Die Statue des irischen Politikers Charles Stewart Parnell in der O'Connell Street (s. S. 39)

Die **Innenstadt Dublins** ist sehr übersichtlich und gut zu Fuß zu erschließen. Der **Liffey** trennt Dublin in den ärmeren **Norden** und den wohlhabenderen **Süden,** wo sich auch der Postdistrikt Dublin 4 (D04) befindet, der als Symbol für Irlands Elite gilt. Sehenswürdigkeiten befinden sich auf beiden Seiten des Liffey, aber im Süden gibt es die besten Restaurants, viele Pubs und auch die exklusiveren Geschäfte. Georgianische Architektur findet man auf beiden Seiten des Flusses, aber vor allem um die von diesem Architekturstil dominierten Plätze Merrion Square [K8] und Fitzwilliam Square [K9] sowie den Park St Stephen's Green 1. Auch die älteste Universität der Insel, das Trinity College 8, in dessen Bibliothek man sich das mittelalterliche Buch von Kells ansehen kann, ist hier zu finden.

Die Fußgängerzone der **Grafton Street** [I7] lädt zu einem Einkaufsbummel ein. Nicht weit von hier ist das Kulturviertel **Temple Bar** 11, wo die engen Gassen noch dem Straßenverlauf des Mittelalters folgen. Abends wird Temple Bar zu einem vor allem bei Touristen beliebten Kneipenviertel, in dem man keine Schwierigkeiten haben wird, traditionelle irische Livemusik zu hören.

Die O'Connell Street auf der Nordseite und die Grafton Street im Süden trennen die Stadt in den **West- und Ostteil.** Die O'Connell Street war die traditionelle Hauptstraße Dublins. Hier befindet sich das **General Post Office** 21, in dem 1916 Aufständische die Irische Republik ausriefen. Der Aufstand wurde niedergeschlagen, blieb aber nicht folgenlos und ebnete den Weg in die Unabhängigkeit. Gegenüber befand sich bis 1966 ein ehemaliges Wahrzeichen der Stadt, **Nelson's Pillar,** auf dem sich neben einer Aussichtsplattform eine Statue des englischen Kriegshelden Admiral Nelson befand. Radikale irische Nationalisten sprengten das Überbleibsel der britischen Herrschaft anlässlich des 50. Jahrestags des Osteraufstands in die Luft. 37 Jahre später errichtete man hier die längste Skulptur der Welt, die stecknadelförmige **Spire** 20.

Im Westen der Stadt befindet sich der **Phoenix Park** 37, eines der weltweit größten innerstädtischen Landschaftsareale, in dem seit dem 17. Jh. eine große Damwildherde lebt und wo der irische Präsident und der amerikanische Botschafter ihre Residenzen haben. Im Osten liegt das neue Geschäfts- und Ausgehviertel **The Docklands** (s. S. 46), das sich rund um den alten Hafen und die alten Speichergebäude entwickelt und wo man zuhauf auf moderne Bauten stößt.

Die Docklands warten mit moderner Architektur auf

Von den Anfängen bis zur Gegenwart

Die Ursprünge

Dublin heißt auf Irisch Baile Átha Cliath (ausgesprochen etwa „bajlle ah klia"), was „Ortschaft an der Hürdenfurt" bedeutet. Diese **Hürdenfurt** war wohl ein im früher wesentlich breiteren Liffey verankertes Flechtwerk, über das man den Fluss überqueren konnte. Sie befand sich wahrscheinlich dort, wo heute die James Joyce Bridge den Liffey überspannt.

Der englische Name Dublin ist ebenfalls irischer Herkunft: Er kommt von „Duibhlinn" (ausgesprochen etwa „dufflinn") und bedeutet **„Schwarztümpel"**. Dies bezog sich auf ein Gewässer, das sich zeitweise dort bildete, wo der heute nur noch unterirdisch verlaufende Fluss Poddle in den Liffey floss. Dort, wo einmal der Schwarztümpel war, befindet sich heute der Garten des Dublin Castle ⓭. Den Poddle kann man noch im unterirdischen Gewölbe des Dublin Castle sehen.

Die Stadt der Wikinger

Wikinger aus Norwegen kamen ab dem späten 8. Jh. auf Raubzügen nach Irland. Vor allem Klöster fielen den Überfällen zum Opfer. Später gründeten sie vorübergehende Siedlungen und 917 **Dyflin.** Die Dubliner Wikinger trieben vor allem Handel mit Schmuck, Tierfellen und auch Sklaven.

Schon bald war Dublin fest in innerirische Machtstrukturen, Rivalitäten und Bündnisse eingebunden. Im 11. Jh. hatte die Stadt 4500 Einwohner. Sie waren Iren und Skandinavier, sprachen sowohl Altnordisch als auch Irisch und waren Christen. Viele Kirchen entstanden in dieser Zeit, u. a. 1038 die Christ Church Cathedral ⓯.

Die Eroberung Irlands durch die Anglo-Normannen

Die englische Herrschaft in Irland begann, als ein irischer Fürst den normannischen Adligen **Richard de Clare** aus Wales, auch bekannt als **Strongbow,** um militärische Hilfe bei Streitigkeiten mit einem Konkurrenten bat. Die Normannen waren Nachfahren von Wikingern, die sich im Nordwesten Frankreichs angesiedelt hatten und nach der Eroberung Englands und teilweise von Wales im Jahr 1066 auch die Oberschicht des Südens von Großbritannien stellten.

Strongbow kam dem Gesuch von Diarmait Mac Murchada nach und eroberte 1170 weite Teile des Ostens der Insel, einschließlich der Stadt Dublin. Nun wurde der normannische König **Henry II.** von England auf die Erfolge Strongbows aufmerksam. Er marschierte mit einer Armee auf der Nachbarinsel ein. Diese Machtdemonstration zeigte unmittelbaren Erfolg: Nicht nur Strongbow, sondern auch die einheimischen Fürsten unterwarfen sich dem König aus London. Der war nun der Herrscher Irlands. Strongbows Grabmal kann man in der Christ Church Cathedral ⓯ besuchen.

Das Dublin des englischen Königs

Auch nach der anglo-normannischen Eroberung Irlands gab es keine Zentralgewalt auf der Insel und der Einfluss der englischen Regierung blieb dort sehr eingeschränkt. Der bis dahin unabhängige Stadtstaat Dublin wurde aber dem englischen König direkt unterstellt und hatte bald mehr mit englischen Städten wie Chester und Bristol gemein als mit dem Rest Irlands.

Wirtschaftlich boomte Dublin. Man baute steinerne Brücken und Häuser und die Stadtmauern wurden erweitert. Auch entstanden viele Kirchen, u. a. 1192 außerhalb der Stadtmauern die St Patrick's Church 17, die 1213 zur zweiten Kathedrale Dublins wurde. Dublin Castle 13 baute man 1204 auf Befehl von König John zur Verteidigung der Stadt.

Dublin orientierte sich über das Meer nach Osten und unterhielt eher Kontakte nach England als zum eigenen Hinterland. Dieses sah man als kulturell fremd und potenziell feindselig. Jene Iren, die dennoch nach Dublin gelangten, mussten ab 1454 im noch heute so heißenden Stadtteil Irishtown leben, der damals außerhalb der Stadtmauern lag. Sie durften die von einer Mauer umgebene Innenstadt nur tagsüber betreten.

Die Folgen der englischen Reformation

Zu einem wichtigen Einschnitt in der Geschichte Irlands kam es während der Regierung von **Henry VIII.** Er überwarf sich mit dem Papst, weil dieser ihm die Annullierung seiner Ehe nicht gewährte. Deshalb erklärte er sich 1534 anstelle des Papstes zum Oberhaupt der Kirche in England. Irland hätte nun leicht zu einer Basis für Angriffe aus katholischen Ländern werden können, weshalb sich Henry entschloss, die Insel vollständig unter seine Kontrolle zu bringen. Einerseits gründete er nach englischem Vorbild das **Königreich Irland** (s. S. 25) und andererseits die **Anglikanische Kirche Irlands** (s. S. 34). Der englische Monarch war nun das weltliche und religiöse Oberhaupt Irlands und Dublin wurde zur **Hauptstadt.**

Der Katholischen Kirche gehörten damals in Dublin 20 % des Landes. Die Klöster wurden aufgelöst und das kirchliche Land enteignet. Eines dieser Klöster war das Priorat All Hallows. Wo es einmal stand, gründete Henrys Tochter, Königin Elizabeth I., die erste Universität Irlands, **Trinity College** 8. Während unter Elizabeth I., die von 1558 bis 1603 regierte, die neue anglikanische Staatsreligion erfolgreich in England etabliert wurde, blieben die Dubliner, wie die meisten in Irland lebenden Menschen, auch die schon ansässige englischstämmige Bevölkerung der Insel, katholisch. Das Monument „Die Märtyrer von Dublin" vor der St. Mary's Pro-Cathedral 22 stellt seit 2001 stellvertretend zwei Dubliner dar, die sich weigerten, die neue Konfession anzunehmen.

Das 17. Jh.: Konflikte um die Vorherrschaft

In den folgenden Jahrzehnten verschwanden in Irland die Unterschiede zwischen alteingesessenen, also gälischen Iren und den Nachfahren der anglo-normannischen Eroberer und Einwanderer zunehmend. Wichtiger war nun der gemeinsame **Glaube.** 1641 kam es zu einem Aufstand der Katholiken auf der Insel, bei dem beide Gruppen, die gälischen wie die englischstämmigen Iren, im Rahmen der Katholischen Konföderation vertreten waren. Es war auch geplant, Dublin Castle, nun der Sitz englischer Macht in Irland, zu übernehmen. Beim Zechen geäußerte, unvorsichtige Worte verrieten die Pläne aber vorzeitig.

Zur gleichen Zeit brach in England ein Bürgerkrieg zwischen Royalisten und den Anhängern des Parlaments aus und die irischen Aufständischen stellten sich auf die Seite von König Charles I., von dem sie sich mehr religiöse Freiheiten erhofften. Den Englischen Bürgerkrieg gewannen aber die Anhänger des Parlaments und ihr Anführer, **Oliver Cromwell**, kam 1641 nach Irland, um die Insel endgültig zu unterwerfen – was ihm gelang.

In Dublin stellten Protestanten, d. h. Anglikaner, aber auch Angehörige anderer Kirchen, ab den 1640er-Jahren die Bevölkerungsmehrheit, auch dank der Migration von Protestanten aus England, Frankreich und den Niederlanden. Dublin entwickelte sich zu einer **protestantischen Stadt** in einem katholischen Land. Nach dem Tod Cromwells 1658 wurden England (mit Wales), Schottland und Irland wieder zu Königreichen, die wie zuvor einen gemeinsamen König hatten. **Charles II.** kehrte auf den Thron seines hingerichteten Vaters zurück. Die Hoffnungen der enteigneten katholischen Gutsherren Irlands, dass sie ihren Grund und Boden zurückerhalten würden, erfüllte sich aber nicht.

Als 1685 nach dem Tod von Charles II. dessen katholischer Bruder **James II.** zum Monarchen der drei Königreiche wurde, schienen sich die Machtverhältnisse in Irland wieder zugunsten der katholischen Adeligen und Gutsherren zu wenden. Das englische Parlament, besorgt vor allem wegen ähnlicher Entwicklungen in England, bot deshalb dem niederländischen Schwiegersohn von James, **William of Orange**, den Thron an. Die militärischen Auseinandersetzungen zwischen beiden Konkurrenten spielten sich in Irland ab, wo in der Schlacht am Fluss Boyne 1690 und in der Schlacht von Aughrim 1691 die Armee Williams die Truppen von James endgültig besiegte. Durch die „Penal Laws" („Strafgesetze") wurde nun festgeschrieben, dass nur Protestanten, die der anglikanischen Staatskirche angehörten, volle **Bürgerrechte** im Königreich Irland hatten.

Das 18. Jh.: die protestantische Hauptstadt

Das irische **Parlament**, das seit dem Mittelalter zwischen verschiedenen Orten gewandert war, blieb nun dauerhaft in Dublin und bekam in den 1730er-Jahren das weltweit erste als Zweikammerparlament entworfene Gebäude als Sitz (5). Dublin entwickelte sich bis in die zweite Hälfte des 18. Jh. zur nach London zweitwichtigsten Metropole der Britischen Inseln. Der Komponist **Georg Friedrich Händel** komponierte in Dublin sein Werk „Der Messias" und führte es hier erstmals auf (s. S. 106).

Die Wide Streets Commission gab zahlreiche Sanierungsmaßnahmen in Auftrag, durch die vielerorts die engen mittelalterlichen Gassen und Häuser **breiten Straßen** und einheitlichen, geräumigen **Gebäuden im georgianischen Architekturstil** wichen. Nur im Viertel Temple Bar sind die alten mittelalterlichen Straßenverläufe heute noch erhalten. Wer es sich leisten konnte, lebte damals noch im Norden der Stadt, etwa am Rutland Square (heute: Parnell Square) oder in der Henrietta Street. Als sich aber der spätere Duke of Leinster entschloss, sei-

Wolfe-Tone-Statue im Park St Stephen's Green (1)

ne Residenz, das Leinster House (5), im Süden zu bauen, folgten ihm **Dublins wohlhabende Bewohner** bald und ließen sich auf oder um einen der drei georgianischen Plätze südlich des Liffey nieder.

Außerhalb der alten Stadtmauern in den Liberties etablierten sich **protestantische Hugenotten**, die vor religiöser Verfolgung in Frankreich geflohen waren. Sie brachten das Webehandwerk und die Seidenherstellung nach Dublin, die dort eine Zeit lang wichtige Wirtschaftszweige waren. Auf die Hugenotten verweist heute noch der 1693 eröffnete Hugenottenfriedhof in der Nähe von Stephen's Green (10 Merrion Row, nur durch das Gittertor sichtbar). Vor allem kamen aber **katholische Zuwanderer** aus ländlichen Regionen, wodurch Dublin ab Mitte des 18. Jh. wieder eine mehrheitlich katholische Stadt wurde. Oft kam es zu Auseinandersetzungen zwischen konfessionellen Banden, etwa den Liberty Boys, protestantischen Webern aus den Liberties, und den Ormonde Boys, katholischen Metzgern vom Ormonde Market im Norden.

Nach wie vor hatten nur Anglikaner volle Bürgerrechte. Sie standen aber der britischen Schutzmacht wegen für Irland nachteiliger Handelsbeschränkungen kritisch gegenüber. Einige vertraten auch radikale Ideen, die von den französischen und amerikanischen Revolutionen inspiriert waren und in Dublin und Belfast zur Gründung der **United Irishmen** führten, die Irlands Katholiken und Protestanten vereinen wollten. 1798 brach ein Aufstand aus, der als erstes Ziel hatte, Dublin zu übernehmen. Weil diese Pläne verraten wurden, misslang die Eroberung der Hauptstadt. Anderswo begann die Rebellion wie

060du-kf

geplant, wurde aber viereinhalb Monate später von britischen Truppen endgültig niedergeschlagen. Einer der Anführer, der Dubliner Rechtsanwalt **Wolfe Tone**, kam im November 1798 mit einer französischen Invasionsflotte, wurde in Donegal verhaftet und kam durch Selbstmord der Hinrichtung zuvor. Seine Totenmaske, die nach antikem Vorbild durch einen Abdruck seines Gesichts angefertigt wurde, kann man in der Gruft der anglikanischen **St Michan's Church** (26) sehen, in der sich auch die Särge der Sheares Brüder befinden, zweier Anführer des Aufstands, die durch die damals für Hochverrat gängige Strafe des Hängens, Ausweidens und Vierteilens ums Leben kamen. Eine moderne Statue Wolfe Tones von 1966 steht heute in einer Ecke des Parks St Stephen's Green (1). Die Folge des gescheiterten Aufstands war, dass das Königreich Irland 1801 aufgelöst und die Insel Teil des 1707 in Großbritannien gegründeten **Vereinigten Königreichs** wurde.

Die ehemaligen Parlamentarier, allesamt der anglo-irischen Oberschicht entstammend, verließen die Stadt und kehrten entweder in ihre Herrenhäuser zurück oder sie siedelten nach London über, wo sie nun im britischen Parlament saßen. Die prächtigen georgianischen Stadthäuser standen zum Verkauf und Dublin erlebte einen **wirtschaftlichen und kulturellen Niedergang.** Dieser hatte aber zur Folge, dass die georgianischen Häuser anders als in vielen britischen Städten stehenblieben und nicht durch den nun modernen viktorianischen Architekturstil ersetzt wurden.

062du

Angehörige der bürgerlichen Schichten Dublins zogen in die Vororte und im Stadtzentrum blieben die Armen, die immer zahlreicher wurden, nicht zuletzt, als wegen der **Großen Hungersnot** (1845–1849) in Irland zahlreiche Immigranten in die Stadt kamen.

Dublin im Jahrhundert der Katholikenemanzipation

Im 19. Jh. erlebte Irland mit der Hungersnot der 1840er-Jahre einerseits eine der größten Tragödien seiner Geschichte, andererseits war es auch das Jahrhundert, in dem Irlands Katholiken – und als Nebeneffekt der Ereignisse in Irland auch jene in Großbritannien – die rechtliche Gleichstellung erlangten. Möglich wurde dies durch die **Catholic Association.** Dies war eine Bürgerrechtsbewegung, der es gelang, Menschen in ganz Irland zu mobilisieren, zu den Massenveranstaltungen zu kommen und sogar einen Mitgliedsbeitrag zu zahlen. Durch den so entstandenen politischen Druck und geschickte Zusammenarbeit mit liberalen Kreisen in Großbritannien erreichte man vor allem, dass nun Katholiken ins britische Parlament gewählt werden konnten.

Der Organisator der Catholic Association war der katholische Rechtsanwalt **Daniel O'Connell,** nach dem später die Sackville Street, eine der Hauptschlagadern der Stadt, umbenannt wurde. Seine Statue steht heute am Anfang der O'Connell Street (s. S. 38). 1841 wurde Daniel O'Connell zum Bürgermeister Dublins.

Die Katholische Kirche, die über Jahrhunderte eine Art Untergrundkirche ohne nennenswerte Gebäude und Infrastruktur war, etablierte sich nach und nach im öffentlichen Raum. 1825 wurde die **Pro-Kathedrale St Mary's** 22 eingeweiht, die ein Komitee katholischer Bürger seit 1805 geplant hatte. Viele weitere katholische Kirchen entstanden im 19. Jh.

O'Connell machte auch das politische Ziel, dass Irland – im Rahmen des Vereinigten Königreichs – wieder ein eigenes Parlament bekommen sollte, populär, scheiterte damit aber Mitte des 19. Jh. wegen des Ausbruchs einer durch Kartoffelfäule verursachten Hungersnot. Vor allem in der zweiten Hälfte des 19. Jh. entwickelte sich das Streben nach mehr Eigenständigkeit Irlands wieder zu einer Massenbewegung. **Charles Stewart Parnell**, dem in der O'Connell Street schon im 19. Jh. ein Denkmal gesetzt wurde, begeisterte die Iren erneut für das Ziel einer Regionalregierung, scheiterte aber ebenfalls.

Der Osteraufstand von 1916

Während des **Ersten Weltkriegs** (1914–1918) veränderte sich die politische Landschaft grundsätzlich. Bis dahin lehnten die meisten Iren sowohl das Ziel der vollkommenen Unabhängigkeit von Großbritannien als auch den Einsatz von Gewalt zum Erreichen politischer Ziele ab. Nichtsdestotrotz entschied eine Gruppe radikaler Nationalisten, die kriegsbedingte Schwäche Großbritanniens für einen Aufstand zu nutzen, nicht zuletzt auch in der Hoffnung auf Unterstützung vom Kriegsgegner Deutschland. Es muss ihnen klar gewesen sein, dass sie nicht wirklich eine Aussicht auf Erfolg hatten, aber wichtiger war wohl, ein Signal zu setzen und so besetzten sie am **Ostermontag 1916** mehre öffentliche Gebäude in Dublin und anderswo und riefen vor ihrem Hauptquartier, der Dubliner Hauptpost 21, die **Republik** aus. Die britische Regierung reagierte auf diesen Aufstand zu Kriegszeiten mit starker Hand und setzte Artillerie ein. Fast einen Monat hielten die Rebellen der Armee stand, bis sie sich am 29. April ergaben. 64 von ihnen wurden bei den Kämpfen getötet, außerdem 132 britische Soldaten und Zivilisten. Teile der Innenstadt, vor allem die Sackville Street (heute O'Connell Street) lagen in Trümmern und 14 der Anführer wurden im Gefängnis Kilmainham Gaol 39 durch Erschießung hingerichtet.

Irlands Weg in die Unabhängigkeit

Der Osteraufstand war in der Bevölkerung äußerst unpopulär, aber durch die zivilen Opfer, das drakonische Durchgreifen der Armee, die Verhängung des Kriegsrechts und die mögliche Ausweitung der Wehrpflicht auf Irland gaben die meisten Iren bei den britischen Unterhauswahlen 1918 ihre Stimme nicht wie bisher der ge-

Das 1966 gesprengte Nelson's Pillar Monument (s. S. 95) vor dem General Post Office

063du

mäßigten Irish Parliamentary Party, sondern der Partei **Sinn Féin** (ausgesprochen etwa „schinn fejn", deutsch „Wir selbst"), die eine unabhängige irische Republik anstrebte. Die gewählten Abgeordneten nahmen ihre Sitze im Londoner Parlament nicht ein, sondern konstituierten sich als irisches Parlament in Dublin. Deren militärischer Flügel, die **Irisch-Republikanische Armee (IRA),** begann einen Guerilla-Krieg gegen die britische Armee und die Königlich Irische Polizei. Im Rahmen der Auseinandersetzungen brannte die IRA u. a. 1921 das Custom House 28 nieder, von wo aus die kommunalen Verwaltungen Irlands koordiniert wurden. Die britische Regierung lud schließlich Vertreter der provisorischen irischen Regierung zu Gesprächen nach London ein, wo nach fünfmonatigen Verhandlungen im Dezember 1921 der **Anglo-Irische Vertrag** geschlossen wurde. Dieser sah vor, dass der neue **Irische Freistaat** (Irish Free State) ein selbstständiges Land im British Empire sein sollte (Dominion-Status), dessen Oberhaupt der britische Monarch war, auf den Politiker einen Treueeid leisten mussten. Nordirland verblieb im Vereinigten Königreich.

Vielen Iren reichte dieser Kompromiss und das irische Parlament stimmte dem Vertrag 1922 mit einer knappen Mehrheit zu. Eine beachtliche Minderheit sah dieses Abkommen aber als Verrat, vor allem den Treueeid auf den König. So brach der **Irische Bürgerkrieg** aus, den die IRA gegen die neue Armee des Irischen Freistaats führte und der mehr Opfer kosten sollte als der vorangegangene Unabhängigkeitskrieg. Eine Einheit der IRA verschanzte sich am 14. April im Gerichtsgebäude Four Courts 25, das daraufhin von der neuen irischen Armee mit britischer Unterstützung beschossen wurde. Die Kämpfe hielten eine Woche an. Das Gebäude brannte aus und durch eine Explosion im Westflügel wurde das 1000 Jahre zurückreichende Staatsarchiv zerstört. 1923 erklärte die IRA angesichts der Übermacht einen Waffenstillstand. Der Bürgerkrieg war beendet, allerdings nicht, ohne dauerhafte Spuren zu hinterlassen.

Die politische Partei **Fine Gael** geht auf die Vertragsbefürworter zurück und **Fianna Fáil** sowie die heute unter dem Namen Sinn Féin agierende Partei auf die Vertragsgegner.

Dublin nach der Unabhängigkeit

Nach der Unabhängigkeit versuchte der irische Nationalstaat zunächst einmal, das Erscheinungsbild Dublins und der anderen Städte und Dörfer zu ändern. Viele Straßen wurden nach Persönlichkeiten der irischen Nationalgeschichte umbenannt. **Irisch** wurde offiziell zur ersten Nationalsprache und erschien auf Straßenschildern und in öffentlichen Verlautbarungen. Die roten **Briefkästen** der Royal Mail strich man grün an. Man findet heute noch Hunderte solcher alten Säulen- und Wandbriefkästen in Dublin. Sie sind mit dem Symbol des bei der Aufstellung gerade herrschenden Monarchen versehen: VR steht für Königin Victoria (1837–1901), ER VII für Edward VII. (1901–1910) und GR V für König George V. (1910–1936). Dahinter steht R (Rex/Regina=König/Königin auf Latein), darüber befindet sich eine Krone.

Die Gegner des Anglo-Irischen Vertrags arrangierten sich mit dem neuen Staat und gründeten die Partei **Fianna Fáil.** Als diese 1936 an die Regierung gelangte, schaffte sie den Dominion-Status und mit ihm den umstrittenen Treueeid auf den britischen Monarchen ab. Eine Koalition unter Führung der Partei **Fine Gael** beendete diesen Prozess 1949, als Irland sich zur **Republik** erklärte und aus dem Commonwealth, einem Verband, dem das Vereinigte Königreich und ehemalige Kolonien angehörten, austrat.

Als **Hauptstadt** erlebte Dublin einen bescheidenen Aufschwung, während Irland für Jahrzehnte wirtschaftlich stagnierte. Die zahlreichen innerstädtischen Slums wurden in den ersten Jahrzehnten des Bestehens des Staates nach und nach bereinigt und die Stadt wuchs durch Außenbezirke mit geringer Bevölkerungsdichte stark an. Diese Bezirke hatten aber eine mangelhafte Infrastruktur, was später zu sozialen Problemen führte.

Die **georgianischen Häuser**, die heute das touristische Bild Dublins stark prägen, wurden als Überbleibsel der britischen Herrschaft gesehen und verfielen oft. In den 1930er-Jahren zog die irische Regierung in Erwägung, die vergleichsweise gut erhaltenen Gebäude des Merrion Square abzureißen, weil sie als „altmodisch" und „un-irisch" gesehen wurden. Nur ein Mangel an Kapital verhinderte dies. In den 1960er-Jahren, einem Jahrzehnt von vergleichsweisem Wohlstand, herrschte ein **Bauboom,** der oft durch Profitgier und Korruption angetrieben wurde. Viele historische Gebäude fielen diesem zum Opfer. Widerstand gegen diesen Umgang mit Dublins Architekturerbe gab es immer, aber erst in den frühen 1990er-Jahren kam es bei der Stadtverwaltung zu einem Kurswechsel. Seitdem versucht man, die georgianische Architektur zu bewahren.

In den letzten Jahrzehnten hat sich die Stadt auch zu einem Sitz **internationaler Hightech-Firmen** entwickelt. Diese Entwicklung wurde durch den **EU-Beitritt** Irlands 1972 und die **wirtschaftlichen Anreize**, die die Regierung ausländischen Investoren seit Mitte der 1980er-Jahre anbietet, möglich. So haben u.a. Google, Facebook, LinkedIn, X (ehemals Twitter) und Microsoft hier ihre europäischen Hauptquartiere.

Neue Herausforderungen für Dublin sind die Folgen der weltweiten Covid-19-Pandemie, aber auch der sogenannte Brexit, der Austritt des Vereinigten Königreichs aus der EU, denn die irische und britische Wirtschaft sind eng miteinander verzahnt. Allerdings bringt Brexit auch Chancen, denn nun ist Dublin die einzige englischsprachige Metropole in der EU.

[<] Britisches Militär in Dublin während des Osteraufstands von 1916

Leben in der Stadt

Als Heinrich Böll in den 1950er-Jahren Dublin besuchte, schrieb er in seinem „Irischen Tagebuch“: „Das Elend hockt hier in den Slums um St Patrick herum, in manchen Winkeln, manchen Häusern noch so, wie Swift es 1743 gesehen haben mag.“ Tatsächlich stagnierte Irland nach der Unabhängigkeit jahrzehntelang wirtschaftlich und sozial und blieb wie im 19. Jahrhundert ein Auswanderungsland. Der Einfluss der Katholischen Kirche auf Gesellschaft und Regierung war enorm: Literatur und Filme wurden zensiert, Ehescheidungen waren nicht möglich, Verhütungsmittel nicht erhältlich und Homosexualität verboten. Wesentliche Veränderungen traten erst ein, als es im Land Mitte der 1990er-Jahre zu einem **Wirtschaftsaufschwung** nie dagewesenen Ausmaßes kam. Bald sprach man in Anlehnung an die in diesem Jahrzehnt wirtschaftlich erfolgreichen „Tigerstaaten“ Hongkong, Südkorea und Taiwan vom „Keltischen Tiger“. Die **Arbeitslosigkeit** fiel dramatisch und die Zahl der Iren, die unter der Armutsgrenze lebten, verringerte sich von 15 % auf 5 %.

Viele **Sanierungsmaßnahmen** fanden in diesen Jahren statt: **Smithfield Village**, wo auch die Jameson Distillery 27 beheimatet ist, entstand im Westen: Die alten Kopfsteinpflaster wurden herausgenommen, gereinigt und neu verlegt. Darum herum stehen nun hochmoderne Gebäude, in denen sich Wohnungen, Restaurants und Geschäfte befinden. Im Hafen entstand das neue **Docklands-Viertel** mit zahlreichen Beispielen modernster Architektur. Angelockt vom Wirtschaftsaufschwung kamen erstmals in großer Zahl **Arbeitsemigranten** nach Irland, allen voran Polen, die sich nach dem EU-Beitritt ihres Landes wegen einer Übergangsperiode zunächst nur in Irland, im Vereinigten Königreich und in Schweden ohne Einschränkungen niederlassen konnten. Heute findet man in Dublin zahlreiche polnische Supermärkte. Auch Einwanderer aus Afrika und China prägen das Bild des modernen multikulturellen Dublin, wovon etwa das kleine chinesische Viertel 23 im Norden zeugt.

Etwa ab 2000 verlangsamte sich das Wachstum und **Immobilienhandel** dominierte nun die Wirtschaft. Die Dubliner, wie alle Iren, leben am liebsten in den eigenen vier Wänden. Zu Beginn des neuen Jahrtausends sanken die Zinsen auf Hypotheken, die Überprüfung der Kreditwürdigkeit wurde laxer und der notwendige Eigenanteil immer geringer, bis man 100 % des Kaufpreises leihen konnte. Die Nachfrage explodierte und die Preise stiegen. Viele kauften Häuser als **Spekulationsobjekte**, auch mit dem Wissen, dass diese schon nach kurzer Zeit im Wert steigen würden. Andererseits hatten viele Iren das Gefühl, sich beeilen zu müssen, um noch auf den fahrenden Zug aufzuspringen, bevor die Hauspreise unerschwinglich werden würden.

Mit der weltweiten Wirtschaftskrise 2008 platzte die Immobilienblase. Viele Dubliner zahlen noch heute eine wesentlich höhere Hypothek als ihr Haus wert ist. Dies bedeutet, dass es sehr schwierig ist umzuziehen. Zudem sind mehr und mehr Dubliner darauf angewiesen zu mieten, was oft höhere monatliche Kosten verursacht als eine Hypothek. Außerdem haben irische Mieter weniger Rechte als etwa Mieter in Deutschland.

Die **Katholische Kirche** hat seit den 1990er-Jahren zunehmend ihren Einfluss auf die Gesellschaft verloren. Durch Volksentscheide wurden 1992 der **Verkauf von Verhütungsmitteln liberalisiert** und 1995 die Möglichkeit der **Scheidung** eingeführt. 1993 entkriminalisierten die Iren die Homosexualität und 2015 wurde Irland zum ersten Land der Welt, das die **gleichgeschlechtliche Ehe** durch einen Volksentscheid einführte.

Dublin ist heute eine wohlhabende Stadt, aber nicht alle Bürger haben im gleichen Ausmaß Anteil an diesem Wohlstand. Der **unregulierte Mietsektor** und der Mangel an Sozialwohnungen in staatlicher oder städtischer Hand führt zu Obdachlosigkeit oder auch inadäquater provisorischer Unterbringung von Familien in Notlagen in B&Bs oder Hotels, oft ohne Kochmöglichkeit und Waschmaschine. **Sozial benachteiligte Dubliner** im Stadtteil Tallaght leiden nach einer Studie der Meath Research Foundation von 2018 überproportional unter Stress und psychischen Störungen. Die **Arbeitslosigkeit** ist zwar derzeit generell gering, aber in Teilen von Tallaght liegt sie bei Männern zwischen 33 und 60 %.

Dublin ist nichtsdestotrotz eine **weltoffene und facettenreiche Stadt,** die Besucher willkommen heißt. Neben dem Meer im Osten, den Bergen im Süden, dem gigantischen Phoenix Park mitten in der Stadt, den Museen, Pubs und den architektonischen Sehenswürdigkeiten gehört die Begegnung mit den Dublinern unbedingt zu einem Besuch der Stadt.

Dubliner kommen wie die meisten Iren eher mit Fremden ins Gespräch als das bei Bewohnern vieler anderer Großstädte der Fall ist. Man pflegt dabei die **Kunst des Smalltalks** und nimmt gern das Wetter zum Anlass, um mit den anderen Leuten, die z. B. auch auf den Bus oder die Luas-Straßenbahn warten, ein unverbindliches Schwätzchen zu beginnen. Dublinern wird ein **trockener Humor** nachgesagt und wenn sie von „craic“ (ausgesprochen wie „crack“) sprechen, meinen sie „Spaß“ oder – noch treffender – „Gaudi“ und keine Drogen. Der Humor kann sarkastisch wirken, ist aber normalerweise gut gemeint. Anderseits vermeiden Dubliner gern direkte Kritik, man deutet Probleme eher an und spielt sie nach Möglichkeit herunter.

064du-kf

> *In Howth* **42** *kann man den Fischern bei der Arbeit zusehen*

Dublin für Musikliebhaber

Musik ist eng mit der DNA Dublins verwoben. So wundert es nicht, dass zwei Filme über das Leben im modernen Dublin von Menschen handeln, die Musik machen wollen, und sie auch durch ihre Soundtracks beeindrucken.

In Alan Parkers **„The Commitments“** (1991) versucht ein junger Arbeitsloser eine Soulband zu gründen. Er spielt kein Instrument und kann nicht singen, findet aber talentierte, wenn auch schwierige Mitstreiter. In John Carneys **„Once“** (2006) repariert der Protagonist im Geschäft seines Vaters Staubsauger und träumt davon, Profimusiker zu werden. In seiner Freizeit tritt er als Straßenmusiker auf und freundet sich mit einer jungen Tschechin an, die Pianistin ist, sich aber als Blumenverkäuferin auf Dublins Straßen verdingt. In beiden Filmen spielt **Glen Hansard** mit, der Musiker und Mitglied der Folk- und Rock-Gruppen „The Frames“ und „The Swell Season“ ist: In „The Commitments“ spielt er den Charakter Outspan und in „Once“ den Protagonisten. Wie diese beiden Charaktere trat Hansard schon in jungen Jahren als Straßenmusiker *(busker)* in der Grafton Street auf, wo man nach wie vor zu jeder Jahreszeit zahlreiche Musiker sehen kann (s. S. 81).

Das erste bekannte Ereignis in der Musikgeschichte Dublins war die **Uraufführung von Georg Friedrich Händels Oratorium „Der Messias“** im Jahr 1742, das zu den populärsten Werken geistlicher Musik in Europa zählt und dessen Choral „Halleluja“ jeder schon einmal gehört haben dürfte. Der 1685 in Halle/Saale geborene Komponist ging 1712 nach London, wo er bis zu seinem Lebensende wohnte. 1741 besuchte er Dublin und verbrachte für eine Reihe von Wohltätigkeitskonzerten mehrere Monate hier. Sein auf Englisch geschriebenes Werk „Der Messias“ wurde am 13. April 1742 mit den gemeinsamen Chören der St Patrick's Cathedral und der Christ Church Cathedral in der New Music Hall in der Fishamble Street [H7] vor einem Publikum von 700 Dublinern uraufgeführt. Von der New Music Hall ist abgesehen von einer weißen Fassade nichts mehr zu sehen. Das Hotel rechts davon erleichtert aber das Auffinden: Es heißt George Frederic Handel Hotel. Seit 1989 führt der Chor Our Lady's Choral Society jedes Jahr am 13. April vor der ehemaligen Music Hall Passagen aus dem Werk auf.

In Bezug auf moderne Musikrichtungen war Dublin bis in die 1970er-Jahre ein verschlafenes Nest. Der Ruhm, Rock nach Irland gebracht zu haben, gebührt wohl der Dubliner Band **Thin Lizzy** bzw. nicht unerheblich deren Sänger **Phil Lynott**. Geboren 1949 im englischen West Bromwich als unehelicher Sohn einer Dublinerin und eines Afro-Kariben, wurde Phil als Vierjähriger zu seiner Großmutter nach Dublin geschickt, wo er aufwuchs. Irland war zu dieser Zeit ein Land, aus dem man aus- und nicht einwanderte und Phil Lynott war nicht nur der einzige Schwarze in seiner Schule, sondern einer von wenigen in Dublin. 1969 gründete er mit seinem Schulfreund Brian Downey und den aus Belfast stammenden Musikern Eric Bell und Eric Wrixon die Rockband Thin Lizzy, die internationale Berühmtheit erlangte. Lynott integrierte irische Elemente in seine Musik: So wurde Thin Lizzys Version

U2

Dublins bekanntester Beitrag zur Popgeschichte ist unbestreitbar **U2.** Die Geschichte der Band begann im Jahr 1976, als der 14-jährige Larry Mullen Junior durch einen Aushang am schwarzen Brett seiner Schule, der Mount Temple Comprehensive School im Stadtteil Clontarf, gleichgesinnte Mitschüler für eine Band suchte. Die Zusammensetzung der Gruppe war für das recht homogene Irland jener Jahre sehr vielfältig: Bandgründer **Larry Mullen Jr.,** der Schlagzeuger, war der einzige Katholik. Paul David Hewson, besser bekannt als **Bono,** der Sänger und Frontmann der Band, stammt aus einem damals noch nicht so weit verbreiteten gemischtkonfessionellen Elternhaus: Seine Mutter ist Anglikanerin und sein Vater Katholik. Der Gitarrist David Howell Evans, der den Künstlernamen **The Edge** benutzt, ist gebürtiger Waliser und **Adam Clayton,** der die Bassgitarre spielt, kam in jungen Jahren aus England nach Dublin.

Eines der frühen U2-Konzerte im Project Arts Centre in Temple Bar, für das man einen Eintritt von 50 Pence entrichten musste, besuchte im Mai 1978 ihr späterer Manager **Paul McGuinness.** Er und die damals noch neue irische Musikzeitschrift Hot Press, die die Karriere von U2 begleitete, haben in einem nicht unerheblichen Maße zum phänomenalen Aufstieg der Band beigetragen.

Ein Dubliner Witz, in Anspielung auf den Erfolg von Bono, geht folgendermaßen: „Was ist der Unterschied zwischen Bono und Gott? – Gott glaubt nicht, dass er Bono ist." Allerdings verkennt dieser Scherz etwas die Religiosität von Bono, der nach dem 1980 erschienenen Debütalbum „Boy" aus dem Musikgeschäft aussteigen wollte. Zusammen mit The Edge und Adam Clayton stand der Schüler dem christlichen Shalom Fellowship sehr nahe. Mitglieder von Shalom überzeugten Bono, dass sich das Dasein als Rockstar nicht mit einem christlichen Lebensweg vereinbaren lässt. Es ist Paul McGuinness zu verdanken, dass es dennoch weiterging. Er erklärte Bono, dass er im Namen von U2 bereits Verträge abgeschlossen habe, und ergänzte, „Gott hält nichts von Vertragsbrüchen".

Vor allem in den ersten beiden Alben „Boy" und „October" scheint, wenn man es weiß, die Spiritualität der Bandmitglieder durch. Spätere Stücke sind oft von sozialem und politischem Engagement geprägt. Ihr politischstes Lied ist wohl „Sunday Bloody Sunday" aus dem Jahr 1983, in dem sie von Ereignissen in der nordirischen Stadt Derry elf Jahre zuvor singen, als die britische Armee dort 14 Menschen erschoss. In „Pride (In the Name of Love)" geht es um den amerikanischen Bürgerrechtler Martin Luther King, dessen Ideen die Band als relevant für Irland sah.

U2 ist eine der erfolgreichsten Bands aller Zeiten, aber sie blieb ihrer Heimat Dublin treu, wo sich die Musiker als Hotelbetreiber (The Clarence, s. S. 123), Bauträger und Mäzene im Kulturbereich hervortun. Während der Coronapandemie spendeten sie 10 Millionen Euro, um Beschäftigte im irischen Gesundheitswesen mit Infektionsschutzkleidung zu versorgen. Im Little Museum of Dublin 2 ist ihnen die Dauerausstellung „U2 – Made in Dublin" gewidmet. Einem ganz U2-gewidmeten Museum im Hanover Quay im Süden der Docklands wurde 2019 die Baugenehmigung erteilt. Zu Redaktionsschluss haben die Bauarbeiten noch nicht begonnen. U2 kaufte aber 2022 eine der an dem Projekt beteiligten Firmen auf.

des Volkslieds „Whiskey in the Jar", bei der Gitarrist Eric Bell mit einem Gitarrenriff geschickt den Klang des irischen Dudelsacks imitiert, einer der ersten weltweiten Hits der Band. Phil Lynott starb 1985 an den Folgen seines ausufernden Alkohol- und Drogenkonsums. Fans werden in Dublin auf zahlreiche Spuren Lynotts stoßen: In der Harry Street [I7] steht vor dem Pub Bruxelles eine Statue des Musikers und auf dem St.-Fiontans-Friedhof im Dubliner Stadtteil Sutton liegt er begraben. Den mit einem keltischen Muster verzierten Grabstein hat der bekannte Künstler Jim Fitzpatrick gestaltet, von dem auch mehrere Schallplattencover von Thin Lizzy stammen.

Einer der Pioniere des irischen Rock war der Gitarrist und Sänger **Rory Gallagher.** Er wohnte zwar nie in Dublin, aber 2006 wurde ihm im Beisein des U2-Gitarristen The Edge in Temple Bar eine Straßenecke gewidmet. Ein Markenzeichen Gallaghers war eine E-Gitarre des Typs „Fender Stratocaster", die er 1963 gebraucht in Cork gekauft hatte und die im Lauf der Zeit ihre Farblackierung verlor. Eine Nachbildung hängt unter dem Straßenschild der Rory Gallagher Corner (zwischen Sycamore St. und Eustace St. [H6/7]).

Eine Musikrichtung, auf die man überall in Dublin stößt, ist der **Irish Folk.** In den Anfangsjahren des irischen Staats wurde irische Volksmusik quasi zwangsverordnet und hatte ein konservatives Image, aber das Folk-Revival der 1960er- und 1970er-Jahre erfasste auch Irland. Zu dieser Zeit wurden *sessions* in Pubs populär, bei denen sich Musiker zwanglos treffen, um zu musizieren. Sie finden z. B. im O'Donoghue's (s. S. 77) statt. Hier sammelten schon Musiker international bekannter Folk-Gruppen wie „The Dubliners" oder „The Fureys" erste Erfahrungen.

Die in Dublin beheimateten, 1962 gegründeten **Chieftains** machten Irish Folk weltweit bekannt. Ihre Stücke sind meist instrumental und häufig mit irischem Dudelsack *(uillean pipes).* Kooperationen mit Musikern anderer Länder (von China bis Mexiko) und anderer Stile (von den Rolling Stones bis zu Madonna) halten ihre Musik frisch.

Freunden traditioneller irischer Musik sei das **Irish Traditional Music Archive** empfohlen. Hier kann man sich DVDs ansehen, CDs hören und in Noten stöbern. Rock- und Popfans könnte die **The Irish Rock 'n' Roll Museum Experience** (s. S. 64) interessieren. Zum Besuch gehört eine Führung, welche die Bühne und den Backstage-Bereich des Nachtclubs Button Factory und den Besuch der Temple Lane Studios einschließt, wo Phil Lynott seine letzten Aufnahmen machte. Man sieht Ausstellungsstücke von Bands und Musikern wie Thin Lizzy, U2, Rory Gallagher und anderer Größen der irischen Rock- und Popgeschichte und kann Instrumente aus- und Kostüme von Rockstars anprobieren.

•**138** [K8] **Irish Traditional Music Archive,** 73 Merrion Square, D02 WK75, Tel. 01 6619699, www.itma.ie, Mo.–Fr. 10–13 und 14–17 Uhr, Eintritt frei

066du-kf

An- und Rückreise

Mit dem Flugzeug

Dublin Airport (DUB, www.dublinairport.com) wird von vielen europäischen Flughäfen direkt angeflogen. Er liegt etwa 14 km vom Stadtzentrum entfernt. Die Busgesellschaft **Aircoach** (www.aircoach.ie) fährt rund um die Uhr mehrmals pro Stunde in die Innenstadt und auch zu verschiedenen Hotels. Alternativ kann man u. a. auch Busse der Gesellschaften **Dublin Bus** (www.dublinbus.ie) oder **Airlink Express** (https://airlinkexpress.ie) nehmen. Beide Gesellschaften fahren zunächst zum Busbahnhof **Busáras** [K5], dann zur **O'Connell Street** [I5/6] und schließlich zum Bahnhof **Heuston Station** [C6]. Die Fahrt zur Heuston Station dauert je nach Verkehr bis zu 60 Minuten, in der O'Connell Street ist man nach 40 Minuten. Eine Fahrkarte in die Innenstadt kostet in der Regel 7–9 € bzw. hin- und zurück 9–12 €. Man kann die Fahrkarten online, an Automaten oder auch bar beim Fahrer zahlen, aber man sollte den Betrag passend haben, weil kein Rückgeld zurückgegeben wird.

Außerhalb der Ankunftshallen befinden sich **Taxistände.** Die Taxis haben Taxameter. Eine Fahrt in die Innenstadt kostet je nach Zeit und Verkehr zwischen 25 € und 35 €. Je nachdem, wo sich das Ziel befindet, kann es teurer werden.

Vorseite: Die Teeling Whiskey Distillery bietet Führungen an (s. S. 65)

Ankunft in Dublin mit der Fähre

Mit dem Auto

Mit dem Pkw muss man zunächst entweder mit der **Fähre** von Dünkirchen oder Calais (Frankreich) nach Dover (England) übersetzen (zwei Stunden) oder aber durch den **Eurotunnel** (parkend auf speziellen Zügen, 35 Minuten) nach Folkestone fahren und von Holyhead nach Irland übersetzen. Wer in **Wales** unterwegs ist und von dort nur einen Abstecher nach Dublin machen möchte, könnte sein Auto auf dem bewachten Park-and-Ride-Parkplatz von Stena Line im Hafen von Holyhead stehen lassen (2 Tage 18 £, 3 Tage 26 £, 4 Tage 36 £) oder alternativ in Liverpool (Fährhafen Bootle). Man kann auch von **Cherbourg in Frankreich** nach **Rosslare** in Irland oder direkt nach **Dublin** übersetzen. Dies geht über Nacht und

Brexit

EU-Bürger oder Schweizer, die über Großbritannien nach Dublin anreisen, brauchen nun einen **Reisepass,** der Personalausweis reicht nicht mehr aus. Die **Europäische Krankenversicherungskarte (EHIC)** ist aber im Vereinigten Königreich weiterhin gültig und man kann in der Regel ohne Einschränkungen **Waren für den persönlichen Gebrauch** mit sich führen. Entlang der inneririschen Grenze gibt es keinerlei Grenzkontrollen. Ende 2024 soll im Vereinigten Königreich eine **Elektronische Reisebewilligung** („Electronic Travel Authorisation", ETA) eingeführt werden. Die ETA ist an den Reisepass gebunden und wird durch Scannen identifiziert. Sie soll 10 £ pro Person kosten und man kann sie über die UK-ETA-App oder online (www.gov.uk) beantragen. Danach ist sie für zwei Jahre gültig.

dauert bis Dublin knapp 19 Stunden. Die Fährverbindungen findet man z. B. unter www.ferrysavers.de.

Mit dem Zug

Wer mit der Bahn fahren möchte, muss die oben aufgeführten Fährverbindungen in seine Planung integrieren. Die Überfahrt ist im Preis der Fahrkarte enthalten, wenn man die Strecke durchgehend bucht.

Autofahren

Dublin kann man sich gut zu Fuß erschließen, weshalb es nicht anzuraten ist, sein Auto mitzubringen oder eines zu mieten. Ist man dennoch mit dem Pkw unterwegs, sollte man diesen, wenn möglich, am Parkplatz der Unterkunft stehen lassen.

In der Republik Irland herrscht wie in Großbritannien **Linksverkehr. Geschwindigkeitsbegrenzungen** werden anders als in Großbritannien und Nordirland in Kilometern pro Stunde (km/h) angegeben. Sofern nicht anders angegeben, gilt, dass man in Ortschaften 50 km/h fahren darf, außerorts 80 km/h, auf mehrspurigen Schnellstraßen 100 km/h und auf der Autobahn 120 km/h. Die **Promillegrenze** in der Republik Irland liegt bei 0,5.

Parken

- **P139** [F6] **APCOA Parking Ireland Limited,** National Museum of Ireland – Decorative Arts & History (Collins Barracks), Benburb Street, D07 K850, Mo.–Sa. 7.30–18, So. 13–17.30 Uhr, eine Stunde 2,40 €, ein Tag 2,90 €
- **P140** [R6] **Dublin Ferry Port – Terminal 1 Long Term Car Park,** Terminal Rd S, D01 P3K2, 24 Stunden 9 €, eine Woche 50 €
- **P141** [I5] **Q-Park Ireland Limited (1),** The Spire, Marlborough Street, D01 W207, eine Stunde 3,80 €, vier Stunden 15,60 €
- **P142** [I8] **Q-Park Ireland Limited (2),** Stephen's Green Shopping Centre, Glover's Alley, D02 HCB1, eine Stunde 4,20 €, 24 Stunden 42 €

Barrierefreies Reisen

Zwar wird Dublin zunehmend barrierefreier, vor allem was modernere Hotels, Restaurants, Geschäfte und Museen angeht, aber es gibt einige Lücken, vor allem bei älteren Gebäuden. Die neuen städtischen **Linienbusse** sind Niederflurbusse und es gibt jeweils einen Platz für Rollstuhl-

067du-kf

fahrer. Übrigens steigt man immer vorne ein und zeigt (oder kauft) seine Fahrkarte. Rollstuhlfahrer müssen auch vorne, wo der Fahrer eine Rampe ausfahren kann, aussteigen. Bei der **Luas-Straßenbahn** handelt es sich um eine Niederflurbahn. Grundsätzlich sind die Dubliner zudem sehr hilfsbereit, was etwa das Reisen mit dem Rollstuhl erleichtert.

Für **Menschen mit Sehbehinderung** ist Dublin nur sehr schwer allein zu navigieren. Tonsignale bei Ampeln werden zwar zahlreicher, es gibt sie aber nicht durchgehend.

Shopmobility Ireland (http://shopmobility.ie) vermietet Rollstühle (*wheelchair,* 20 € für drei Tage, 35 € pro Woche) und Elektromobile (*mobility scooter,* 100 € pro Woche und

Dublin preiswert

Dublin ist eine eher teure Stadt. Am günstigsten kann man in **Hostels** übernachten, die auch eine geringe Zahl Einzel- oder Doppelzimmer anbieten. Mittlerweile ist oft auch ein einfaches Frühstück im Preis eingeschlossen. Hostels bieten zudem den Vorteil, dass man dort oft selbst kochen und Lebensmittel im Kühlschrank aufbewahren kann. **Restaurants** sind abends („dinner") wesentlich teurer als mittags („lunch"). Große Portionen mit gesunden indisch-inspirierten vegetarischen Gerichten gibt es günstig in Govinda's Vegetarian Restaurant (s. S. 71).

Zahlreiche Attraktionen sind kostenlos, darunter einige der wichtigsten **Museen** (s. S. 60) wie die Häuser des National Museum of Ireland (Archaeology 3, Natural History 4 und Decorative Arts & History 36), die National Gallery of Ireland 7 und das Irish Museum of Modern Art 38.

Wer auf eintrittspflichtige Attraktionen nicht verzichten möchte, kann den **Dublin Pass** in Erwägung ziehen, durch den man den Eintritt für zahlreiche Sehenswürdigkeiten und die Nutzung der Hop-on-hop-off-Tourenbusse (s. S. 119) für 24 Stunden frei hat. Man muss ihn allerdings ausreichend nutzen, um damit zu sparen. Bei einem Dreitageticket lohnt er sich, wenn man mindestens 10 der eingeschlossenen Attraktionen besucht.

› www.dublin-pass.de, Preise jeweils für Erwachsene und Kinder (5–15 Jahre): 1 Tag 84/54 €, 2 Tage 114/69 €, 3 Tage 128/74 €, 4 Tage 139/79 €, 5 Tage 149/84 €. Oft Sonderangebote mit wesentlich günstigeren Preisen.

068du-kf

100 € Pfand). In Dublin unterhält Shopmobility Ireland die folgenden Filialen:

- •143 **Blanchardstown Shopping Centre,** D15 VP8P, Tel. 01 8130765
- •144 **Dundrum Town Centre,** Sandyford Road, Dublin 16, D16 T9H6, Red Car Park, Level 2 M, Tel. 01 2987982
- •145 **Liffey Valley Shopping Centre,** Staff Carpark, Quarryvale, Clondalkin, D22, Tel. 01 6208731

Diplomatische Vertretungen

- 146 **Deutsche Botschaft,** 31 Trimleston Avenue, Booterstown, Co. Dublin, A94 TX94, Tel. 01 2776100, Notfälle: Tel. 087 2211382, www.dublin.diplo.de
- 147 **Österreichische Botschaft,** 6 Ailesbury Road, D04 W205, Tel. 01 2694577, www.bmeia.gv.at/oeb-dublin
- › **Schweizerische Botschaft,** im selben Gebäude wie die Österreichische Botschaft, Tel. 01 2186382 oder 2186383, www.eda.admin.ch/dublin

Elektrizität

Die **Stromstärke und -spannung** in Irland sind die gleichen wie in Deutschland, in Österreich und in der Schweiz. Allerdings braucht man einen **Adapter,** um Stecker von zu Hause an die irischen Steckdosen anschließen zu können. Solche Steckeradapter bekommt man im Internet, in Elektroläden und an Flughäfen. Auch in Dublin ist es kein Problem, noch einen *European plug adapter* zu kaufen, zum Beispiel in einer Filiale der Drogeriekette Boots.

Geldfragen

In Irland wird der Euro benutzt. Innerhalb Europas kann man mit der **Debitkarte** (in Deutschland auch als **Girocard** bekannt) problemlos zahlen und am Automaten Geld abheben. Debitkarten mit Maestro-Funktion sind noch bis zu ihrem Laufzeitende gültig, werden aber seit Juli 2023 sukzessive gegen sogenannte Mastercard-Debit-Karten ausgetauscht, mit denen man ebenfalls im Ausland zahlen und Geld abheben kann. **Kreditkarten** sind auch ein gängiges Zahlungsmittel. Unter Umständen fallen für Auslandszahlungen Gebühren an. Man sollte sich bei der jeweiligen Bank oder beim Kreditkarteninstitut über die Kosten informieren.

Für das **Geldabheben** im EU-Ausland gelten die gleichen Konditionen wie in Deutschland. Wie hoch die Kosten sind, hängt von der eigenen Bank ab und sollte vor der Reise erfragt werden. Es kann jedoch vorkommen, dass Geldautomatenbetreiber im jeweiligen Land zusätzliche Gebühren erheben. Die Höhe der Kosten muss am Automaten vor der Bestätigung der Abhebung angezeigt werden.

Wenn man eine Schweizer Geldkarte nutzen möchte und einem angeboten wird, in Franken statt in Euros zu zahlen, sollte man dies ablehnen. Der so fällige Betrag in Franken ist höher als der Betrag, den einem die eigene Hausbank in Rechnung stellen würde.

Das National Museum of Ireland – Decorative Arts & History 36 *bietet freien Eintritt*

Informationsquellen

Infostellen in der Stadt

Die Touristeninfomationen sind Gästen gern bei der Unterkunftssuche behilflich. Die Mitarbeiter vermitteln Hotels und Bed and Breakfasts, sind bei Tourenvorschlägen ein kompetenter Ansprechpartner, verkaufen Eintrittskarten für Veranstaltungen oder können Auskunft darüber geben, wo diese zu bekommen sind.

ⓘ**148** [I5] **Discover Ireland Centre,** 14 O'Connell Street Upper, D01 WP59, Mo.–Sa. 9–17 Uhr

ⓘ**149** [H7] **Dublin Tourist Information Centre,** 3 Palace Street, D02 T277, Tel. 1800 230330, Di.–Sa. 9–17 Uhr

ⓘ**150** [I7] **Tourism Office,** 37 College Green, D02 W599, Tel. 01 4100700, tägl. 8.30–22 Uhr. Allgemeine Touristeninformation betrieben vom Tourenveranstalter City Sightseeing Dublin.

Fundbüros (Lost Property Office)

- **Bahnhof Connolly Station** [K4]: Tel. 01 7032358 (Mo.–Fr. 7–19 Uhr)
- **Bahnhof Heuston Station** [C6], Tel. 01 7032132 oder 01 8366222
- **Dublin Bus:** Earl Place [I5], Tel. 01 7031321
- **Dublin Airport:** www.dublinairport.com/at-the-airport/help-and-support/lost-property/view-lost-property

Die Stadt im Internet

- **www.visitdublin.com:** Die Internetpräsenz des Dubliner Fremdenverkehrsamts mit Informationen zu Sehenswürdigkeiten, Restaurants, Unterkünften, Führungen und zum öffentlichen Nahverkehr.
- **www.dublin.ie:** Informationen der Stadtverwaltung für Dubliner und Neubürger. Die Veranstaltungshinweise und Ausflugstipps sind aber auch für Besucher der Stadt interessant.
- **www.entertainment.ie:** Eine für ganz Irland gültige Website, auf der man das aktuelle Kinoprogramm, Konzerttermine und Veranstaltungshinweise für Dublin findet. Wem nach einem Abend im Hotelzimmer zumute ist, findet hier auch das aktuelle Fernsehprogramm.

Publikationen und Medien

Die wichtigsten **Tageszeitungen** sind „The Irish Independent" (Mitte-rechts), „The Irish Times" (Mitte-links) sowie „The Herald" (eine Boulevardzeitung, die vor allem in Dublin gelesen wird). Den **Zeitschriftenmarkt** dominieren britische Titel, aber es gibt auch einige aus Irland stammende Publikationen. Die beste Auswahl an Zeitungen und Zeitschriften, auch einigen deutschsprachigen, bietet die Buchhandlung **Eason** (s. S. 88).

Smartphone-Apps

- **TFI Life App:** Routenplaner mit Suche nach Bushaltestellen, Fahrpreisen, Abfahrtszeiten (kostenlos für Android und iOS).
- **Luas:** alles Wichtige zur Straßenbahn Luas, inklusive Abfahrtszeiten, Haltestellen und Fahrpreise (kostenlos für Android und iOS)
- **Iarnród Éireann – Irish Rail:** die App der irischen Bahn, die auch die DART betreibt. Sie zeigt Fahrpläne und Abfahrtszeiten von Zügen in Echtzeit (kostenlos für Android und iOS).
- **FreeNow:** internationale Taxi-App, die auch in Dublin funktioniert. Mit ihr kann man ein Taxi bestellen, auf einer Karte sehen, wie weit der Wagen entfernt ist, und die Fahrt bezahlen (kostenlos für Android und iOS).

Unsere Literatur- und Filmtipps

- Auf **James Joyce** trifft man in Dublin auf Schritt und Tritt, aber sein Hauptwerk, der Roman **„Ulysses“**, der einen Tag im Leben des Leopold Bloom in Anlehnung an Homers Odyssee erzählt, ist äußerst schwer zu lesen. Besser zugänglich ist seine 1914 erschienene Kurzgeschichtensammlung **„Dubliners“**. In den Geschichten passiert recht wenig, Joyce ging es eher um die Innenansichten der von ihm beschriebenen Menschen. Neben dem englischen Original und der deutschen Übersetzung gibt es unter dem Titel „Dublin Stories – Erzählungen aus Dublin“ auch eine Auswahl der Geschichten sowohl auf Englisch als auch in deutscher Übersetzung.
- Während Joyces Geschichten im Bürgertum des frühen 20. Jahrhunderts spielen, geht es in den meisten Romanen von **Roddy Doyle** um die Dubliner aus weniger privilegierten Schichten in den 1980er- und 1990er-Jahren. Bekannt wurde der ehemalige Lehrer vor allem für seine **Barrytown-Trilogie,** in der er nicht ohne eine Prise Humor von der in einfachen Verhältnissen lebenden Familie Rabbitte erzählt. Im ersten Roman, **„The Commitments“** („Die Commitments“), geht es um den Versuch, eine Soulband zu gründen. Das Buch **„The Snapper“** (deutscher Titel u. a. „Sharons Baby“) thematisiert die Erfahrung, als junge unverheiratete Frau ein Kind zu bekommen, und in **„The Van“** (deutsche Titel „Das Frittenmobil“ und „Fish and Chips“) geht es um die Bemühungen, sich mit einer fahrbaren Pommesbude im Fast-Food-Markt zu etablieren. Alle drei Romane wurden zwischen 1991 und 1996 von Alan Parker bzw. Stephen Frears verfilmt.
- Krimis, die oft viele Aspekte des Alltagslebens eines Orts widerspiegeln, sind eine gute Möglichkeit, sich auf Dublin einzustimmen. Empfehlenswert sind zum Beispiel die Romane des hauptberuflich als Journalist arbeitenden Dubliners **Gene Kerrigan.** Sein 2011 erschienener Krimi **„Dark Times in the City“** („In der Sackgasse“) handelt von Danny Callaghan, der nach einer Haftstrafe wegen Totschlags nun in einem Pub seine gerade begonnene neue Freiheit genießen möchte, als zwei Auftragsmörder hereinstürmen und dort einen Kleinkriminellen ermorden wollen. Callaghan rettet das Opfer und gerät ins Visier sowohl der Polizei als auch der Unterwelt. Der Autor zeichnet ein realistisches Bild Dublins nach dem Platzen der Immobilienblase.
- Im Spielfilm **„Michael Collins“** von Neil Jordan aus dem Jahr 1996, der vorwiegend in Dublin spielt und auch dort gedreht wurde, geht es um den Unabhängigkeitskrieg der 1920er-Jahre und die Ereignisse, die letztendlich zur Unabhängigkeit Irlands führten. Liam Neeson spielt Michael Collins und Alan Rickman den späteren Premierminister Éamon de Valera.
- Wer mehr über Irlands Geschichte, Gesellschaft, sein politisches System und die Kultur erfahren möchte, dem sei der Band **„Irland“** aus der Reihe Kulturschock des Reise Know-How Verlags empfohlen. Konkrete Verhaltenstipps für Reisende runden das Buch ab und helfen, Irland etwas besser zu verstehen.

- **Now dublinbikes:** App des Fahrradverleihsystems dublinbikes (kostenlos für Android und iOS).
- **Dublin Airport:** In der App gibt es alle Fluginformationen, Lagepläne und Informationen zu Park- und Einkaufsmöglichkeiten auf einen Blick (kostenlos für Android und iOS).

LGBT+

Noch bis in die 1990er-Jahre war das katholische Irland alles andere als ein ideales Reiseziel für schwule und lesbische Reisende. Aber spätestens mit der Einführung der **gleichgeschlechtlichen Ehe** durch eine Volksabstimmung 2015 und die Wahl des offen schwulen Premierministers Leo Varadkar 2017 hat sich dies deutlich geändert. Wer dennoch wegen seiner sexuellen Neigung in Gefahr gerät, kann beim Gay & Lesbian Garda Liaison Officer Hilfe einfordern.

- **Gay & Lesbian Garda Liaison Officer,** Tel. 01 6669000

Besonders populäre **Unterkünfte** sind das Hotel The Dean (s. S. 123), das Schoolhouse Hotel (s. S. 124) und das Generator Hostel (s. S. 124).

Die 1988 gegründete Zeitschrift **gcn** (Gay Community News) erscheint monatlich mit Nachrichten für Irlands LGBT+ Community. Man kann gcn kostenlos online lesen (www.gcn.ie) oder die gedruckte Ausgabe abonnieren.

Treffpunkte

151 [H7] **Street 66 Dublin,** 33–34 Parliament Street, D02 YP97, Tel. 01 6704112, www.street66.bar. Bar mit freundlicher Atmosphäre.

152 [H7] **The George,** 87–89 Great Georges Street, D02 R220, Tel. 01 4782983, www.thegeorge.ie. Dublins älteste gay bar und Nachtclub. Bunt gemischtes, junges Publikum, große Tanzfläche. Jeden Abend wechselnde DJs und sonntags Bingo. Von Freitag bis Sonntag wird – je nach Uhrzeit und Tag – ein Eintrittsgeld von 5 bis 10 € erhoben.

Maße und Gewichte

Schon 1970 begannen Irland und das Vereinigte Königreich, das britische imperiale Maßsystem nach und nach umzustellen. Dies ist in der Republik Irland anders als in Großbritannien und Nordirland seit 2005 weitgehend abgeschlossen, auch wenn ältere Leute noch in den britischen Maßeinheiten denken. Nur Bier wird noch in Pints (1 Pint=0,57 Liter) ausgeschenkt.

Medizinische Versorgung

Um im Notfall das irische Gesundheitssystem im gleichen Umfang und zu den gleichen Kosten wie ein Bewohner des Landes nutzen zu können, muss man die in der ganzen EU und auch in der Schweiz kostenlos erhältliche **Europäische Krankenversicherungskarte (EHIC)** dabeihaben. Notfallbehandlungen sind kostenlos, man muss aber darauf achten, dass der Arzt dem Primary Care Reimbursement Scheme (PCRS) angehört und am besten darauf hinweisen, dass man als *public patient* behandelt werden möchte („I would like to be treated as a public patient.“).

Apotheken heißen auf Englisch *pharmacy*. Oft haben sie das international gebräuchliche grüne Kreuz im Logo. Man findet auch in den Filialen der Drogeriekette Boots Apotheken.

Ärztehäuser

⊕153 [I8] **Mercer's Medical Centre,** Johnston's Place, 2 Lower Stephen Street, D02 P294, Tel. 01 4022300, www.mercersmedicalcentre.com

Krankenhäuser

⊕154 [C8] **St James's Hospital,** James's Street, D08 W9RT, Tel. 01 4103000, www.stjames.ie

Zahnärzte

⊕155 [I8] **Anne's Lane Dental Centre,** 2 Anne's Lane, D02 Y284, Tel. 01 6718581, www.anneslanedental.ie

Apotheken

⊕156 [I6] **Hickey's Pharmacy,** 55 O'Connell Street Lower, D01 W2V3, Tel. 01 8730427

⊕157 [I6] **Temple Bar Pharmacy,** Essex Street East, Temple Bar, D02 T209, Tel. 01 6709751

Mit Kindern unterwegs

In Dublin gibt es viele Museen und Sehenswürdigkeiten, die man gut mit Kindern besuchen kann. Die multimediale Ausstellung **Dublinia** 16 mit ihren lebensgroßen Modellen und den vielen Dingen, die man ausprobieren kann, bringt die Dubliner Stadtgeschichte auch Kindern näher.

Im **National Leprechaun Museum** (s. S. 63) werden Erwachsene und Kinder in die Welt der irischen Märchen und Mythologie eingeführt. Vor allem die überdimensionierten Möbel bereiten Kindern viel Spaß. Man kann nur mit einer Führung durch das Museum. Die Führer erzählen lebendig und kindgerecht, allerdings nur auf Englisch.

Im Kultur- und Ausgehviertel Temple Bar befindet sich **The Ark – A Cultural Centre for Children,** das Kindern neben den Themen Wissenschaft und Umweltschutz auch Kunstrichtungen verschiedenster Art nahebringt.

•158 [H6] **The Ark – A Cultural Centre for Children,** 11a Eustace Street, Tel. 01 6707788, www.ark.ie, Kassenzeiten Di.–Fr. 10–16 Uhr und eine Stunde vor Veranstaltungen abends und am Wochenende

Im **National Wax Museum Plus** (s. S. 64) kann man außer den Berühmtheiten der irischen Geschichte und Gegenwart in der „Children's Fantasy World" Charaktere wie die Simpsons in Lebensgröße oder Harry Potter bestaunen. Auch das **National Museum of Ireland – Natural History** 4 mit seinen ausgestellten Tieren dürfte bei Kindern auf Interesse stoßen.

Notfälle

Die **Notrufnummer** für Polizei, Feuerwehr, Krankenwagen ist **Tel. 999 oder 112**. Polizisten durchstreifen paarweise zu Fuß die Stadt. Die **Polizei** heißt in Irland Garda Síochána („Friedenswacht"). Die Polizisten werden als Gardaí (ausgesprochen „gardii") bezeichnet, oft auch anglisiert als *guards*.

159 [I3] **Fitzgibbon Street Garda Station,** 1 Fitzgibbon Street, D01 R2K5

160 [H8] **Kevin Street District Garda Station,** Kevin Street Upper, D08 PW26
161 [J6] **Pearse Street Garda Station,** 1–6 Pearse Street, D02 W289
162 [K5] **Store Street Garda Station,** 4–6 Store Street, D01 W773

Kartensperrung

Bei **Verlust der Debit-/Giro-, Kredit-** oder **SIM-Karte** gibt es für Kartensperrungen eine **deutsche Zentralnummer** (unbedingt vor der Reise klären, ob die eigene Bank bzw. der jeweilige Mobilfunkanbieter diesem Notrufsystem angeschlossen ist). **Aber Achtung:** Mit der telefonischen Sperrung sind die Bezahlkarten zwar für die Bezahlung/Geldabhebung mit der PIN gesperrt, nicht jedoch für das **Lastschriftverfahren mit Unterschrift.** Man sollte daher auf jeden Fall den Verlust zusätzlich **bei der Polizei zur Anzeige bringen**, um gegebenenfalls auftretende Ansprüche zurückweisen zu können.

In **Österreich** und der **Schweiz** gibt es keine zentrale Sperrnummer, daher sollten sich Besitzer von in diesen Ländern ausgestellten Debit- oder Kreditkarten vor der Abreise bei ihrem Kreditinstitut über den zuständigen Sperrnotruf informieren.

Generell sollte man sich immer die **wichtigsten Daten** wie Kartennummer und Ausstellungsdatum **separat notieren,** da diese unter Umständen abgefragt werden.

› **Deutscher Sperrnotruf:** Tel. +49 116116 oder Tel. +49 3040504050
› **Weitere Infos:** www.kartensicherheit.de, www.sperr-notruf.de

Mit den dublinbikes kommt man bequem durch die Stadt

Öffnungszeiten

Läden haben typischerweise Mo. bis Sa. von 9 bis 18, Do. bis 20 und So. von 12 bis 18 Uhr geöffnet. **Einkaufszentren** und **Kaufhäuser** schließen in der Regel um 20 oder 21 Uhr. Es gibt aber auch Lebensmittelläden und Supermärkte, die länger offen haben, oft bis 22 Uhr und manche sogar 24 Stunden am Tag.

Pubs dürfen Mo. bis Sa. um 10.30 Uhr öffnen und So. um 12.30 Uhr. Letzte Bestellungen *(last orders),* nach denen man noch eine halbe Stunde zum Austrinken hat, muss man Mo. bis Do. bis 23.30 Uhr machen, Fr. und Sa. bis 0.30 und So. bis 23 Uhr.

Banken sind in der Regel Mo. bis Sa. von 10 bis 16 Uhr geöffnet und **Postämter** von 9 bis 17 oder 18 Uhr.

Post

Das **Porto** für einen Standardbrief oder eine Postkarte auf den europäischen Kontinent kostet 2,20 €. Das **General Post Office** 21, das Hauptpostamt, befindet sich in der O'Connell Street.

Radfahren

Dank des in Dublin existierenden **Fahrradverleihsystems dublinbikes** (www.dublinbikes.ie) kann man kurze Strecken bequem und fast kostenlos radeln. Man muss lediglich zu einer von 115 Fahrradstationen gehen, die Sicherung eines Fahrrads mit der auf dem erworbenen Ticket angegebenen PIN-Nummer lösen und es später an einer beliebigen Station wieder sichern.

Das **1-Day-Ticket** kostet 3,50 €, das **3-Day-Ticket** 5 €, die nur online erhältliche Jahreskarte 35 €. Bis zu 30 Minuten kann man dann die Fahrräder von dublinbikes ohne weitere Kosten benutzen. Folgende Preise fallen bei längerer Nutzung zusätzlich an: 1 Std. 0,50 €, 2 Std. 1,50 €, 3 Std. 3,50 €, 4 Std. 6,50 €, nach 4 Std. pro 30 Minuten zusätzlich je 2 €.

Um das 1- bzw. 3-Day-Ticket zu kaufen, benötigt man eine **Debit-** oder **Kreditkarte mit Chip und PIN-Nummer.** Terminals, an denen man das Ticket kaufen kann, findet man über die Website.

Sicherheit

Dublin ist so sicher wie andere europäische Großstädte auch. In **Temple Bar** 11 mit seiner dichten Kneipenszene kann es freitags und samstags nach Schließung der Clubs und Pubs manchmal zu Handgreiflichkeiten kommen. Wie anderswo sollte man sich bei großen Menschenansammlungen vor **Taschendieben** hüten.

Sprache

Mit **Englisch** kommt man in Dublin problemlos zurecht. Bei der Auffrischung eventuell verschollener Schulkenntnisse hilft die „Kleine Sprachhilfe“ auf Seite 130. Wer etwas mehr für seine Reisesprachkenntnisse tun möchte, greift am besten zum Reisesprachführer „Englisch – Wort für Wort“ aus der Reihe Kauderwelsch des Reise Know-How Verlags. Für tiefgreifendere Studien empfiehlt sich der Band „Irish Slang – echt irisches Englisch“ aus derselben Buchreihe. Wer sich ins Dubliner Englisch einhören möchte, dem seien die Spielfilme in unserer Literatur- und Filmliste empfohlen (s. S. 115).

Übrigens wird man bei einem Besuch Dublins schnell auf die offiziell erste Sprache der Republik, **Irisch-Gälisch** (s. S. 28), stoßen, etwa auf Straßenschildern oder in gesprochener Form in den zweisprachigen Durchsagen in der Straßenbahn *Luas* (das irische Wort für Geschwindigkeit).

Stadttouren

Per Bus

Es gibt zwei Anbieter, die tagsüber mit ihren offenen Doppeldeckerbussen, die als Hop-on-hop-off-Busse bezeichnet werden, wichtige Sehenswürdigkeiten der Stadt abfahren. An jeder gibt es eine eigene Haltestelle,

069du-kf

070du-kf

in der man als Kunde der entsprechenden Firma aus- oder zusteigen kann. Manchmal erklärt ein Fremdenführer, was man sieht oder es werden Audiokommentare abgespielt. Über einen Kopfhörer – ein einfacher Ohrhörer ist im Preis inbegriffen – kann man auch Kommentare in anderen Sprachen, darunter Deutsch, hören.

› **DoDublin,** www.dublinsightseeing.ie, Tel. 01 7033028, Tagesticket Erwachsene 30 €, zwei Tage 35 €, ein Kind (unter 15) kostenlos. Grüne Busse von Dublin Bus, die Dublins Linienbusse betreiben. Jeder Bus wird von einem einheimischen Stadtführer begleitet, der die Fahrt live kommentiert. Alternativ kann man aufgenommene Kommentare in verschiedenen Sprachen, auch auf Deutsch, hören. Im Preis inbegriffen ist der Eintritt ins Little Museum of Dublin 2. Angeboten wird von DoDublin zudem das Freedom Ticket (s. S. 126), das auch die dreitägige kostenfreie Nutzung des öffentlichen Nahverkehrs beinhaltet.

› **City Sightseeing Dublin,** https://city-sightseeing.com/en/50/dublin, Tagesticket Erwachsene 29 €, zwei Tage 37 €, zwei Kinder (4–12 Jahre) kostenlos. Weltweit präsenter britischer Anbieter mit roten Bussen. Kommentare über Kopfhörer, auch auf Deutsch. Im Preis inbegriffen ist eine dreistündige Stadtführung zu Fuß, die täglich um 11 Uhr beim Dublin Tourist Information Centre (s. S. 114) beginnt.

Zu Fuß

› **Pat Liddy's Walking Tours,** Tel. 01 8329406, www.walkingtours.ie. Verschiedene thematischen Führungen (Romantic Dublin, St. Patrick, Händel, Jonathan Swift, James Joyce usw.) oder die zweieinhalbstündige „Best of

Sehr praktisch für eine erste Entdeckungstour: Hop-on-hop-off-Busse

Dublin"-Tour, die es auch auf Deutsch gibt. Erwachsene 28 €, ermäßigt 23 €, Kinder (12–18 Jahre) 15 €.

- **1916 Rebellion Walking Tour,** Tel. 086 8583847, www.1916rising.com, Erwachsene 19 €, Kinder (8–16 Jahre) 12 €. Führung zu den Stätten des Osteraufstands von 1916.
- **Dublin Literary Pub Crawl,** Tel. 01 6705602, www.dublinpubcrawl.com, Erwachsene 16 €, Apr.–Okt. täglich, sonst Do.–So. 19.15 Uhr, Treffpunkt: The Duke Pub, oben (s. S. 78). Unterhaltsame und von Literatur inspirierte Stadtführung von zwei Schauspielern.
- **James Joyce Walking Tour,** Tel. 01 8788547, www.jamesjoyce.ie, Erwachsene 20 €, ermäßigt 15 €. Führungen zum Leben und Werk von Joyce mit verschiedenen Schwerpunkten.

Telefonieren

Die **Republik Irland** hat die **Vorwahl 00353**, für **Dublin** wählt man **01.** Wenn man mit einem ausländischen Handy in Dublin anruft, wählt man die Landesvorwahl und die Ortsvorwahl ohne die 0 vor (Tel. 00353 1 plus die Rufnummer).

In der EU gibt es **keine Roaminggebühren** mehr. Damit ist das Telefonieren und Surfen mit dem Handy im EU-Ausland so günstig wie zu Hause – es sei denn, man nutzt das Handy im Ausland über einen längeren Zeitraum hinweg, dann können je nach Anbieter Nutzungsobergrenzen gelten.

Vorwahlen

- **Deutschland:** 0049
- **Österreich:** 0043
- **Schweiz:** 0041

Uhrzeit

Bei einem Besuch in Irland muss man **die Uhr eine Stunde zurückstellen.** Die Umstellung zwischen Sommer- und Winterzeit vollzieht sich parallel zum Kontinent. Zu Missverständnissen bei deutschsprachigen Reisenden in englischsprachigen Ländern kommt es trotz besseren Wissens immer wieder, wenn in der Uhrzeit „half" und „halb" verwechselt werden: „Half eleven" bedeutet 11.30 Uhr, nicht 10.30 Uhr.

Unterkunft

Es gibt in Dublin eine große Auswahl an Hotels, Pensionen (*guest houses*, B&Bs) und Hostels in verschiedenen Preisklassen. Die Grenzen zwischen *guest houses* und Hotels sind fließend und selbst Hostels bieten heute einige Privatzimmer an.

Im Sommer (Hauptsaison: Juli, August) sind die **Preise** in allen Unterkünften am höchsten und ändern sich oft je nach Angebot und Nachfrage. Preisunterschiede für das gleiche Zimmer können innerhalb einer Woche durchaus 100 € oder mehr betragen. Am günstigsten ist es meist, sein Zimmer frühzeitig und direkt bei der Unterkunft zu buchen.

Hotels und Pensionen

163 ABC House €€, 55 Drumcondra Road Upper, D09 VX86, Tel. 01 8367417, https://abc-house-b-dublin.hotel-mix.de. **Rotes, viktorianisches Backsteinhaus im Norden:** freundliches Personal, Frühstück (vom Buffet oder gekocht) 7,50 € extra. Kostenloser Parkplatz. Mit dem Bus (Haltestelle vor dem Haus) braucht man mit Umsteigen etwa 10 bis 30 Minuten bis in die Innenstadt.

Preiskategorien

Wenn nicht anders angegeben, beziehen sich die Preise jeweils auf das preiswerteste Doppelzimmer mit Frühstück an einem Samstag in der Hauptsaison.

€	bis 100 €
€€	100–140 €
€€€	140–180 €
€€€€	ab 180 €

164 [I5] **Academy Plaza Hotel** €€€€, Findlater Place, D01 X2X0, Tel. 01 8780666, www.academyplazahotel.ie. **Gute Lage:** unweit der O'Connell Street und damit im Zentrum gelegen, freundlich und großzügig eingerichtete Räume, mit kleinem Fitnessstudio.

165 [I6] **Arlington Hotel** €€€, 23 Bachelors Walk, O'Connell Bridge, D01 E8P4, Tel. 01 8049100, www.arlington.ie. **Freundlich und beliebt:** zentral gelegenes Dreisternehotel am Fluss Liffey mit 116 modernen Zimmern.

166 [I7] **Blooms Hotel** €€€, 6 Anglesea Street, D02 FK84, Tel. 01 6715622, www.blooms.ie. **Am Puls der Stadt:** Hier ist man inmitten des Ausgehviertels Temple Bar. Abends kann es auch mal etwas lauter werden.

167 [I4] **Castle Hotel** €€€€, 3 Great Denmark Street, D01 NV63, Tel. 01 8746949, www.castle-hotel.ie. **Traditionshaus:** Dieses georgianische Stadthaus ist eines der ältesten Hotels von Dublin.

168 [J5] **Celtic Lodge Guesthouse** €€€, 81/82 Talbot Street, D01 DK12, Tel. 01 8788810, www.celticlodge.ie. **Modern und bequem:** 29 Zimmer in einer schönen viktorianischen Residenz im Stadtzentrum.

169 [I4] **Dergvale Hotel** €€€€, Gardiner Place, D01 P0K6, Tel. 01 8744753, www.dergvalehotel.com. **Historisches Haus:** familiengeführtes Zweisternehotel in zentraler Lage. Der Gründer des irischen Sportverbandes GAA lebte hier Ende des 19. Jahrhunderts.

170 [I7] **Drury Court Hotel** €€€€, 28 Lower Stephen Street, D02 XY61, Tel. 01 4751988 www.drurycourthotel.ie. **Am Park gelegen:** luxuriös eingerichtete

Künstlerisch wertvoll: die Fassade des Blooms Hotel in Temple Bar

Zimmer um die Ecke vom St Stephen's Green.

171 [E6] **easyHotel** €-€€, 28–31 Benburb Street, D07 FFK1, Tel. 01 5392909, www.easyhotel.com. **Budget-Hotel mitten im Ausgehviertel von Smithfield:** Einfach, aber bequem. Auch Temple Bar ist nur 15 Gehminuten entfernt. Kein Frühstück.

172 [I6] **Fleet Street Hotel** €€€€, 19 Fleet Street, D02 WP97, www.fleethoteltemplebar.com, Tel. 01 6708124. **Mitten im Geschehen:** zentral, aber dennoch in einem etwas ruhigeren Teil des Ausgehviertels Temple Bar.

173 **Glashaus Hotel** €€, Belgard Square West, Tallaght, D24 AT84, Tel. 01 5381410, www.glashaushotel.ie. **Modern und praktisch:** Preiswertes Hotel mit deutschem Namen, der auf die Glasfront verweist. Preiswert und komfortabel. Beim Einkaufszentrum Tallaght Square und einer Haltestelle der Luas (Red Line) gelegen. Die Straßenbahnfahrt in die Innenstadt dauert 40 Minuten.

174 [I9] **Harcourt Hotel** €€€, 60 Harcourt Street, D02 P902, Tel. 01 4783677, www.harcourthotel.ie. **Ehemalige Dichterresidenz:** Der irische Dramatiker George Bernard Shaw wohnte einmal in diesem georgianischen Haus, jetzt befinden sich hier 51 modern eingerichtete Zimmer.

175 [I5] **Holiday Inn Express Dublin City Centre** €€€, 28–32 O'Connell Street Upper, D01 T2X2, www.ihg.com. **Preiswert im Herzen der Stadt:** eine ideale Übernachtungsmöglichkeit während des Dublin-Besuchs.

176 [I4] **Hotel St George** €€€€, 7 Parnell Square, D01 E176, Tel. 01 8745611, www.hotelstgeorgedublin.com. **Schick und gemütlich:** individuell eingerichtete Räume in der O'Connell Street.

177 [M9] **Lansdowne Hotel** €€€€, 27 Pembroke Road, D04 X5W9, Tel. 01 6682522, www.lansdownehotel.ie. **Familiär und freundlich:** Hotel in einem alten georgianischen Haus, das etwa zehn Minuten vom Zentrum entfernt ist.

178 [K6] **O'Neill's Townhouse** €€€€, 36 Pearse Street, D02 VX62, Tel. 01 6714074, www.oneillsdublin.com. **Traditioneller Pub mit Gästezimmern:** acht gemütlich eingerichtete Zimmer über den Schankräumen des viktorianischen Pubs O'Neill.

179 [H6] **The Clarence** €€€€, 6 Wellington Quay, D02 HT44, Tel. 01 4070800, www.theclarence.ie. **Elegant und zeitlos:** Das 1852 erbaute Haus wurde 1996 in ein Hotel umgebaut. Es gehört zwei Mitgliedern der Rockgruppe U2, Bono und The Edge. 49 individuelle Zimmer und Suiten, am Fluss Liffey und inmitten des Temple-Bar-Bezirks gelegen. Eine der besten Adressen Dublins.

180 [I9] **The Dean** €€€€, 33 Harcourt Street, Saint Kevin's, D02 WC81, Tel. 01 6078110, www.deandublin.ie. **Trendig:** Jedes Zimmer hat eine Nespresso-Maschine und einen Smart-TV mit Netflix. Zudem kann man kostenlos Fahrräder ausleihen. Ein Frühstück im Dach-

Buchungsportale

Neben Buchungsportalen für **Hotels** (z. B. www.booking.com, www.hrs.de oder www.trivago.de) bzw. für **Hostels** (z. B. www.hostelworld.com) gibt es auch Anbieter, bei denen man **Privatunterkünfte** buchen kann. Portale wie www.airbnb.de oder www.wimdu.de vermitteln Wohnungen, Zimmer oder auch nur einen Schlafplatz auf einer Couch. Diese oft recht günstigen Übernachtungsmöglichkeiten sind nicht unumstritten, weil manchmal normale Wohnungen gewerblich missbraucht werden. Einige Städte greifen deshalb regulierend ein.

072du-kf

terrassenrestaurant Sophie's kostet 20 € extra. Vor allem am Wochenende kann es nachts etwas lauter werden. Ohrstöpsel werden bereitgestellt.

181 [M8] **The Schoolhouse Hotel** €€€€, 2–8 Northumberland Road, Ballsbridge, D04 P5W8, Tel. 01 6675014, www.schoolhousehotel.com. **Mit interessanter Vorgeschichte:** 1859 eröffnete die St Stephen's Parochial School und blieb bis 1969 in Betrieb. 1997 wurde aus dem für Jahrzehnte ungenutzten Gebäude ein Viersternehotel, das in Laufweite der wichtigsten Attraktionen liegt.

Das Hostel Jacob's Inn

Um in Dublin einen Bus anzuhalten, muss man den Arm ausstrecken

Hostels

Mit klassischen Jugendherbergen haben Hostels nur noch wenig gemeinsam. Ihre Ausstattung gleicht in vielerlei Hinsicht oft modernen Hotels. Vermietet werden Betten in Mehrbettzimmern (20–50 €), aber es gibt auch eine kleine Zahl von Privatzimmern für bis zu vier Personen. Manche Hostels haben eine Gästeküche, in der man kochen kann. Ein einfaches Frühstück mit Toast und Marmelade ist oft im Übernachtungspreis inbegriffen. Manchmal muss man für Handtücher und Bettzeug extra zahlen. In Dublin gibt es viele Hostels, manche sind eher kurzlebig.

182 [I6] **Abigail's Hostel** €€€, 7–9 Aston Quay, D02 DX56, Tel. 01 6779007, www.abigailshostel.com. **Im Herzen der Stadt:** Beim Ausgehviertel Temple Bar gelegen und auch die meisten anderen wichtigen Sehenswürdigkeiten der Stadt sind quasi vor der Haustür. Frühstück im Preis inbegriffen. Gästeküche.

183 [F6] **Generator Hostel Dublin** €€€€, Smithfield Square, D07 F2VF, Tel. 01 9010222, https://staygenerator.com. **Hostel mit Hotelkomfort:** Im trendigen Viertel Smithfield gleich bei der Old Jameson Distillery. Waschküche, Café, Bar und Restaurant, keine Gästeküche. Frühstück nicht inbegriffen.

184 [K5] **Jacob's Inn** €€, 21–28 Talbot Place, D01 W5P8, Tel. 01 8555660, www.jacobsinn.com. **Ideal für Busreisende:** beim Fernbusbahnhof Busáras, ideal wenn man mit dem Bus ankommt oder weiter möchte. Zentral genug, um alle wichtigen Sehenswürdigkeiten zu Fuß zu erreichen. Frühstück 6 € extra. Bar und Restaurant. Keine Gästeküche.

185 [J7] **Trinity College Campus Accomodation** €-€€€, Summer Accommodation Office, Trinity College Dublin, College Green, D02 PN40, Tel. 01 8961177,

www.tcd.ie/summeraccommodation. **Wohnen wie Dubliner Studierende:** Von Juni bis September kann man Zimmer (Zugang zu Gästeküche) in Studentenwohnheimen mieten, entweder auf dem Hauptcampus oder im Stadtteil Darty, von wo man mit dem Bus oder mit der Straßenbahn etwa 30 bis 40 Min. bis zur Innenstadt braucht.

Verkehrsmittel

Linienbusse

Die grünen Linienbusse der Gesellschaft **Dublin Bus** wird man bei einem Kurzbesuch vor allem dann benötigen, wenn man in einer Unterkunft abseits vom Stadtzentrum wohnt. Wenn man an einer weniger stark frequentierten Bushaltestelle steht und der einzige Wartende ist, sollte man **den Arm ausstrecken**, sonst könnte der Bus vorbeifahren. Wenn man seine Fahrt bar beim Fahrer zahlt, werden nur Münzen angenommen und kein Wechselgeld herausgegeben. Man bekommt einen Beleg für den überbezahlten Betrag, den man im Hauptquartier von Dublin Bus eintauschen kann. Die günstigste Fahrt (Einzelfahrt von ca. 2–3 km) kostet bei Barzahlung 1,70 €. Günstiger und bequemer geht es mit der **Leap Card** (s. S. 126). Diese zeigt man dem Fahrer beim Einstieg.

Fahrplaninformationen findet man auf der Website von Dublin Bus und über die **Dublin Bus App** (s. S. 114).

› **Dublin Bus,** 59 Upper O'Connell Street, D01 RX04; www.dublinbus.ie

Praktischer sind für die meisten Besucher die roten oder grünen **Tourenbusse** (Hop-on-hop-off-Busses), die alle wichtigen Sehenswürdigkeiten anfahren. Man kann mit einer entsprechenden Karte für den Gültigkeitszeitraum jederzeit aus- und zusteigen (s. S. 119).

073du-kf

Mein Tipp

Kombi-Fahrkarten

Mit der **Leap Visitor Card** (www.leapcard.ie) kann man alle Linienbusse der Verkehrsunternehmen Dublin Bus und Go-Ahead Ireland, die Straßenbahn Luas sowie die S-Bahn DART benutzen. Die Karte kostet für einen Tag 8 €, für drei Tage 16 € und für sieben Tage 32 €. Kaufen kann man sie am Flughafen (in den Spar-Supermärkten, bei der Discover Ireland Tourist Information und der Dublin Airport Travel Information), bei Dublin Bus (s. S. 125) und den Touristeninformationen (s. S. 114). Es ist auch möglich, die Karte schon vor der Reise online zu kaufen, allerdings wird sie dann per Post verschickt, was etwa 10 Werktage dauert.

› **Leap Visitor Card (TFI):** https://about.leapcard.ie/leap-visitor-card/gastekarte-leap-visitor-card-deutsch

Das **Freedom Ticket** vereint die dreitägige Leap Visitor Card und die zweitägige Nutzung der Hop-on-Hop-off-Busse von DoDublin (s. S. 120). Es kostet 51 € (oft günstigere Sonderangebote).

› **Freedom Ticket (DoDublin):** www.dodublin.ie/dodublin-card

Dublin public transport

Unter www.dublinpublictransport.ie findet man viele nützliche Infos zu den öffentlichen Verkehrsmitteln in Dublin.

Straßenbahn: Luas

Seit 2004 gibt es in Dublin die zwei Straßenbahnlinien der Luas (irisch-gälisch „Geschwindigkeit"), die 2018 miteinander verbunden wurden. Die **Red Line** fährt vom Bahnhof Connolly Station in die Vororte Tallaght und Saggart im Südwesten der Stadt, die **Green Line** von Broombridge im Norden durch die Innenstadt nach Bride's Glen im Süden.

An den Haltestellen gibt es Automaten, an denen man **Fahrkarten** kaufen kann. Innerhalb einer der fünf Zonen kostet eine Einzelfahrt 1,70 €, die teuerste Einzelfahrkarte kostet 2,60 €. Billiger und bequemer fährt man mit einer Leap Card (siehe links). Wichtiger Hinweis: Man muss seinen Fahrausweis zu Beginn und am Ende jeder Fahrt auf den Entwerter halten.

075du-kf

074du-kf

S-Bahn: DART

Die Züge des **Dublin Area Rapid Transport (DART)** fahren vorwiegend entlang der Küste von den Vororten Malahide und Howth im Norden über das Stadtzentrum (Bahnhöfe Connolly Station [K4] and Pearse Station [K7]) nach Bray und Greystokes südlich der Hauptstadt. Eine Hin- und Rückfahrkarte vom Bahnhof Connolly Station nach Howth kostet für Erwachsene 5 € und für Kinder 2,40 €. Die Fahrkarten muss man vor der Fahrt an Automaten lösen, in der Connolly Station geht es auch am Schalter. Anders als in der LUAS-Straßenbahn muss man seine Fahrkarte nicht selbst entwerten. Billiger fährt man auch hier mit einer Leap Card (s. S. 126).

In die Vororte an der Küste geht es mit der S-Bahn (DART)

Praktisch: die Luas

Taxis

Man findet Taxis an festen Haltepunkten, sie fahren aber auch auf der Suche nach Fahrgästen herum.

Außer den normalen **Taxis** mit Taxameter, die überall halten können, gibt es auch noch die sogenannten **Hackneys.** Sie haben eine Lizenz, mit der sie Fahrgäste nach Kontaktaufnahme per Telefon, online oder im Laden des Hackney-Anbieters zu einem vorher bekannten Festpreis befördern dürfen. Häufig haben sie kleine Büros in der Stadt und Telefonnummern hängen oft in Pubs, Hotels und Hostels aus.

Über Tel. 018727272 können Taxis der Firma **City Cabs** angefordert werden. **Uber** und vergleichbare Anbieter dürfen ihre Dienste in Irland nicht anbieten. Die Uber-App funktioniert allerdings, vermittelt jedoch reguläre Taxis.

Über die App **FreeNow** (s. S. 114) kann man ebenso Dubliner Taxis und Hackneys bestellen.

077du-kf

Wetter und Reisezeit

Der **Winter** ist in Dublin relativ mild und **Sommertemperaturen** deutlich über 20 Grad sind eher selten. Es regnet häufiger, als dies in Mitteleuropa der Fall ist.

Zwischen Mai und August ist das Wetter in der Regel am besten. Dies ist auch die Zeit, in der die meisten Festivals stattfinden. Im Juli und August hat Dublin die meisten Besucher und die Hotelpreise sind am höchsten.

Im **Mai** und **Juni** und manchmal auch im September ist das Wetter recht angenehm, die Stadt ist noch nicht so überlaufen und die Preise vor allem für Übernachtungen sind niedriger.

Muschelskulptur zwischen Dún Laoghaire 41 *und Sandycove* 40

Durchschnitt	Wetter in Dublin											
Maximale Temperatur	8°	8°	10°	13°	15°	18°	20°	19°	17°	14°	10°	8°
Minimale Temperatur	1°	2°	3°	4°	6°	9°	11°	11°	9°	6°	4°	3°
Regentage	11	10	9	10	10	10	12	12	12	10	12	14
	Jan	Febr	März	Apr	Mai	Juni	Juli	Aug	Sept	Okt	Nov	Dez

ANHANG

080du ©Melittea Photo, stock.adobe.com

Kleine Sprachhilfe Englisch

Die folgenden Wörter und Redewendungen wurden dem Reisesprachführer „Englisch – Wort für Wort“ (Kauderwelsch-Band 64) aus dem Reise Know-How Verlag entnommen.

Zahlen

1	(wann)	*one*
2	(tuh)	*two*
3	(ðrih)	*three*
4	(fohr)	*four*
5	(feiw)	*five*
6	(ßikß)	*six*
7	(ßäwèn)	*seven*
8	(äit)	*eight*
9	(nein)	*nine*
10	(tänn)	*ten*
11	(ihläwèn)	*eleven*
12	(twälw)	*twelve*
13	(ðörtihn)	*thirteen*
14	(fohrtihn)	*fourteen*
15	(fifftihn)	*fifteen*
16	(ßikßtihn)	*sixteen*
17	(ßäwèntihn)	*seventeen*
18	(äitihn)	*eighteen*
19	(neintihn)	*nineteen*
20	(twänntih)	*twenty*
30	(ðörtih)	*thirty*
40	(fohrtih)	*forty*
50	(fifftih)	*fifty*
60	(ßikßtih)	*sixty*
70	(ßäwèntih)	*seventy*
80	(äitih)	*eighty*
90	(neintih)	*ninety*
100	(hanndrid)	*hundred*

Die wichtigsten Zeitangaben

yesterday	(jäßtèrdäi)	gestern
today	(tuhdäi)	heute
tomorrow	(tuhmohrrou)	morgen
last week	(lahßt wihk)	letzte Woche
in the morning	(in ðè mohrning)	morgens
in the afternoon	(in ðih_ ahftèrnuhn)	nachmittags
in the evening	(in ðih_ ihwèning)	abends
Sunday	(ßanndäi)	Sonntag
Monday	(manndäi)	Montag
Tuesday	(tjuhsdäi)	Dienstag
Wednesday	(wännsdäi)	Mittwoch
Thursday	(ðörsdäi)	Donnerstag
Friday	(freidäi)	Freitag
Saturday	(ßättèrdäi)	Samstag

Die wichtigsten Fragewörter

who?	(huh)	wer?
what?	(wott)	was?
where?	(wäèr)	wo?/ wohin?
why?	(wei)	warum?
how?	(hau)	wie?
how much?	(hau matsch)	wie viel? (Menge)
how many?	(hau männih)	wie viele? (Anzahl)
when?	(wänn)	wann?
how long?	(hau long)	wie lange?

Die wichtigsten Richtungsangaben

on the right	(on ðè reit)	rechts
on the left	(on ðè läfft)	links
to the right	(tuh ðè reit)	nach rechts
to the left	(tuh ðè läfft)	nach links
turn right/ left	(törn reit/ läfft)	rechts/links abbiegen
straight on	(ßträjt on)	geradeaus
in front of	(in front_off)	gegenüber
outside	(autseid)	außerhalb
inside	(inseid)	innerhalb
here	(hi-èr)	hier
there	(ðäèr)	dort
up there	(ap ðäèr)	da oben
down there	(daun ðäèr)	da unten
nearby	(nihrbei)	nah, in der Nähe
far away	(fahr èwäi)	weit weg
around the corner	(raund ðè kohrnèr)	um die Ecke

Die wichtigsten Floskeln und Redewendungen

yes	(jäß)	ja
no	(nou)	nein
thank you	(ðänk_juh)	danke
please	(plihs)	bitte
Good morning!	(gudd mohrning)	Guten Morgen!
Good evening!	(gudd ihwèning)	Guten Abend!
Hello! / Hi!	(hällou/hei)	Hallo!
How are you?	(hau ah juh)	Wie geht es Ihnen/dir?
Fine, thank you.	(fein ðänk_juh)	Danke, gut.
Goodbye!	(guddbei)	Auf Wiedersehen!
Have a good day!	(häw_è gudd däi)	Einen schönen Tag!
I don't know.	(ei dount nou)	Ich weiß nicht.
Cheers	(tschiers)	Prost!
The bill, please!	(ðè bill plihs)	Die Rechnung, bitte!
Congratulations!	(kongrätuläischènß)	Glückwunsch!
Excuse me!	(ikßkjuhs mih)	Entschuldigung!
I'm sorry.	(eim ßorrih)	Tut mir leid!
It doesn't matter.	(itt dahsnt mättèr)	Das macht nichts.
What a pity!	(wott_è pittih)	Wie schade!

Die wichtigsten Fragen

Is there a/an ... ?	(is ðäèr è/ènn ...)	Gibt es ...?
Do you have ... ?	(duh juh häw ...)	Haben Sie ...?
Where is/are ... ?	(wäèr is/ah ...)	Wo ist/sind ... ?
Where can I ... ?	(wäèr kähn_ei)	Wo kann ich ... ?
How much is it?	(hau matsch is_itt)	Wie viel kostet das?
What time?	(wott teim)	Um wie viel Uhr?
Can you help me?	(kähn juh hällp mih)	Können Sie mir helfen?
Is there a bus to ... ?	(is ðäèr è_baß tuh ...)	Gibt es einen Bus nach ...?
How are you?	(hau ah juh)	Wie geht es dir/Ihnen?
What's your name?	(wotts juhr näim)	Wie heißt du/heißen Sie?
How old are you?	(hau ould ah juh)	Wie alt bist du/sind Sie?
Where do you come from?	(wär duh juh kamm fromm)	Woher kommen Sie?
Excuse me?	(ikßkjuhs mih)	Wie bitte?

Nichts verstanden? – Weiterlernen!

I don't speak English.	(ei dount spihk in-glisch)	Ich spreche kein Englisch.
Pardon?	(pahdèn?)	Wie bitte?
I don't understand.	(ei dount andèrständ)	Ich habe nicht verstanden.
Do you speak German?	(duh juh spihk dschörmèn?)	Sprechen Sie Deutsch?
How do you say that in English?	(hau duh juh säi ðät in in-glisch?)	Wie heißt das auf Englisch?
What does it mean?	(wott dahs_itt mihn?)	Was bedeutet das?

Kleine Sprachhilfe Irisch-Gälisch

Die folgenden Wörter und Redewendungen wurden dem Reisesprachführer „Irisch-Gälisch – Wort für Wort“ (Kauderwelsch-Band 90) aus dem Reise Know-How Verlag entnommen.

Es gibt verschiedene Dialekte des Irischen, die man alle in Dublin hören kann, weshalb die Aussprache von der hier angegebenen abweichen kann.

Zur Verbreitung der irischen Sprache in Irland und Dublin heute, siehe den Exkurs „Irlands Nationalsprache: Irisch-Gälisch“, Seite 28.

Preise und Zahlen

ceann amháin	(kjann ewan)	ein Stück/Exemplar
dhá cheann	(cha chjann)	zwei Stück/Exemplare
Cé mhéad?	(kee weed)	Wie viel?
Euro amháin	(juro ewan)	1 Euro
dhá Euro	(cha juro)	2 Euro
trí Euro	(trii juro)	3 Euro
ceithre Euro	(kere juro)	4 Euro
cúig Euro	(kujg juro)	5 Euro
sé Euro	(schee juro)	6 Euro
seacht Euro	(schächt juro)	7 Euro
ocht Euro	(ocht juro)	8 Euro
naoi Euro	(nuii juro)	9 Euro
deich Euro	(dech juro)	10 Euro
fiche Euro	(fiche juro)	20 Euro
tríocha Euro	(trocha juro)	30 Euro
daichead Euro	(dajched juro)	40 Euro
cúige Euro	(kujge juro)	50 Euro
seasca Euro	(schäske juro)	60 Euro
seachtó Euro	(schächtoo juro)	70 Euro
ochtó Euro	(ochtoo juro)	80 Euro
nócha Euro	(noocha juro)	90 Euro
céad Euro	(keed juro)	100 Euro
aon Euro déag/fiche/tríocha		11/21/31 Euro
dhá Euro déag/fiche/tríocha		12/22/32 Euro
trí Euro déag/fiche/tríocha		13/23/33 Euro
ceithre Euro déag/fiche/tríocha		14/24/34 Euro
cúig Euro déag/fiche/tríocha		15/25/35 Euro
sé Euro déag/fiche/tríocha		16/26/36 Euro
seacht Euro déag/fiche/tríocha		17/27/37 Euro
ocht Euro déag/fiche/tríocha		18/28/38 Euro
naoi Euro déag/fiche/tríocha		19/29/39 Euro

Die wichtigsten Wörter und Floskeln

Dia duit!	(dia ditt)	Hallo!
Le do thoil.	(le do holl)	Bitte.
Go raibh maith agat.	(go re ma agget)	Danke.
Oíche mhaith!	(iiche wa)	Gute Nacht!
Slán!	(slaan)	Auf Wiedersehen!
Seo duit!	(scho ditt)	Bitte sehr!
Go mo leithscéal!	(go mo leschkell)	Entschuldigung!
Ní thuigim.	(nii higim)	Ich verstehe nicht.
Is mise ...	(iss mische ...)	Ich heiße ...
Tá mé ag foghlaim.	(taa mee'g foolem)	Ich lerne.
Is as ... mé.	(iss ass ... mee)	Ich komme aus ...
Éirinn	(eerin)	Irland
Baile Átha Cliath	(bajlle ah klia)	Dublin
an Ghearmáin	(enn jermaajn)	Deutschland
an Ostair	(enn osstirr)	Österreich
an Eilvéis	(enn ellweesch)	der Schweiz

Fragen

Conas atá tú?	(konas ataa tuu)	Wie geht es Ihnen?
go maith	(go ma)	gut
An bhfuil ... agat?	(e will ... agett)	Sprechen/Haben Sie ...?
Gaeilge	(guelge)	Irisch
Béarla	(beerla)	Englisch
Gearmáinis	(gerrmaanisch)	Deutsch
tá	(taa)	ja
níl	(niil)	nein

In der Bar und im Buchladen

Ba mhaith liom ...	(ba wa ljomm ...)	Ich möchte ...
leath-phionta/pionta [Biersorte]	(lä-finnta/pinnta)	ein halbes Pint/Pint ...
gloinne uisce beatha	(glinne ischke bäha)	ein Glas Whiskey
criospaí	(krisspii)	Kartoffelchips
cupán tae	(kupaan tee)	eine Tasse Tee
cupán caife	(kupaan kaffee)	eine Tasse Kaffee
cupán eile	(kupaan elle)	noch eine Tasse
ceapaire	(kjäppere)	ein Sandwich
foclóir	(fooklor)	ein Wörterbuch
téascleabhar Gaeilge	(tjeeskljaur guelge)	ein Irischlehrbuch
sin	(schinn)	das da
agus	(aggess)	und
mná/fir	(mraa/firr)	Damen/Herren

REISE KNOW-HOW
@ReiseKnowHow
@reiseknowhowverlag
@Reise_KnowHow
auf www.reise-know-how.de
für den Newsletter anmelden
Zugspitze, Foto: Aneta Niemitz
Wohnmobil-Tourguide | Kauderwelsch | Landkarten | Soul Places

Register

Impressum

Astrid Fieß, Lars Kabel

CityTrip Dublin

7., neu bearbeitete und aktualisierte Auflage 2024

ISBN 978-3-8317-3882-3

Printed in Germany

Druck und Bindung:
mediaprint solutions GmbH, Paderborn

Herausgeber: Klaus Werner
Layout: amundo media GmbH (Umschlag, Inhalt), Peter Rump (Umschlag)
Lektorat: amundo media GmbH
Karten: Ingenieurbüro K. Wendler, amundo media GmbH
Anzeigenvertrieb: KV Kommunalverlag GmbH & Co. KG, Alte Landstraße 23, 85521 Ottobrunn, Tel. 089 928096-0, info@kommunal-verlag.de
Kontakt: Osnabrücker Str. 79, 33649 Bielefeld, info@reise-know-how.de

Alle Angaben in diesem Buch sind gewissenhaft geprüft. Preise, Öffnungszeiten usw. können sich jedoch schnell ändern. Für eventuelle Fehler übernehmen Verlag wie Autoren keine Haftung.

Bildnachweis

Umschlagvorderseite: © Torval Mork, stock.adobe.com | Umschlagrückseite: © Jelle van der Wolf, stock.adobe.com | Umschlagklappe rechts: Astrid Fieß, Lars Kabel

Soweit ihre Namen nicht vollständig am Bild vermerkt sind, stehen die Kürzel an den Abbildungen für die folgenden Fotografen, Firmen und Einrichtungen. Astrid Fieß, Lars Kabel: kf | Klaus Werner: kw

Liste der Karteneinträge

Hier nicht aufgeführte Nummern liegen außerhalb der abgebildeten Karten. Ihre Lage kann aber wie die von allen Ortsmarken im Buch mithilfe der Web-App angezeigt werden (s. S. 143).

Zeichenerklärung

12	Hauptsehenswürdigkeit
[D3]	Verweis auf Planquadrat
	Arzt, Apotheke, Krankenhaus
	Bar, Bistro, Treffpunkt
	Bibliothek
	Café
	Denkmal
†	Friedhof
	Galerie
	Geschäft, Kaufhaus, Markt
	Imbiss, Take-away
	Informationsstelle
	Kino
	Kirche
	Museum
	Musikszene, Disco, Club
P P	Parkplatz/-haus
	Polizei
	Pub, Kneipe
	Restaurant
★	Sehenswertes
●	Sonstiges
	Theater
	Unterkunft
	Vegetarisches Restaurant
	Luas, Green Line
	Luas, Red Line
	Stadtspaziergang (s. S. 13)
	Shoppingareale
	Gastro- und Nightlife-Areale

Bewertung der Sehenswürdigkeiten

★★★ nicht verpassen
★★ besonders sehenswert
★ wichtig für speziell interessierte Besucher

Dublin mit PC, Smartphone & Co.

QR-Code auf dem Umschlag scannen oder **www.reise-know-how.de/citytrip/dublin24** eingeben und die **kostenlose Web-App** aufrufen (Internetverbindung zur Nutzung nötig)!

★**Anzeige der Lage und Satellitenansicht aller** beschriebenen Sehenswürdigkeiten und weiteren Orte
★**Routenführung** vom aktuellen Standort zum gewünschten Ziel
★**Exakter Verlauf** des empfohlenen Stadtspaziergangs
★**Audiotrainer** der wichtigsten Wörter und Redewendungen
★**Updates** nach Redaktionsschluss

GPS-Daten zum Download

Die GPS-Daten aller Ortsmarken und des Spaziergangs stehen auf der Produktseite des Titels auf www.reise-know-how.de zum Download zur Verfügung.

Stadtplan für mobile Geräte

Um den Stadtplan auf Smartphones und Tablets zu nutzen, empfehlen wir die App „Avenza Maps" der Firma Avenza™. Über die Funktion „Store" kann die „Citymap Dublin 2024" kostenlos geladen werden.

Die Information über und die Bereitstellung von digitalen Zusatzinhalten (z. B. Web-App, Links, GPS-Tracks o. Ä.) ist eine freiwillige Zusatzleistung des Verlages, auf die kein Anspruch besteht und für deren Richtigkeit aufgrund der Veränderlichkeit solcher Informationen auch nicht gehaftet werden kann. Insbesondere behält sich der Verlag deshalb vor, die Bereitstellung und die Zugriffsmöglichkeit zeitlich zu befristen und den Zugriff hierauf auch vorfristig abzuschalten.

Dublin area rail

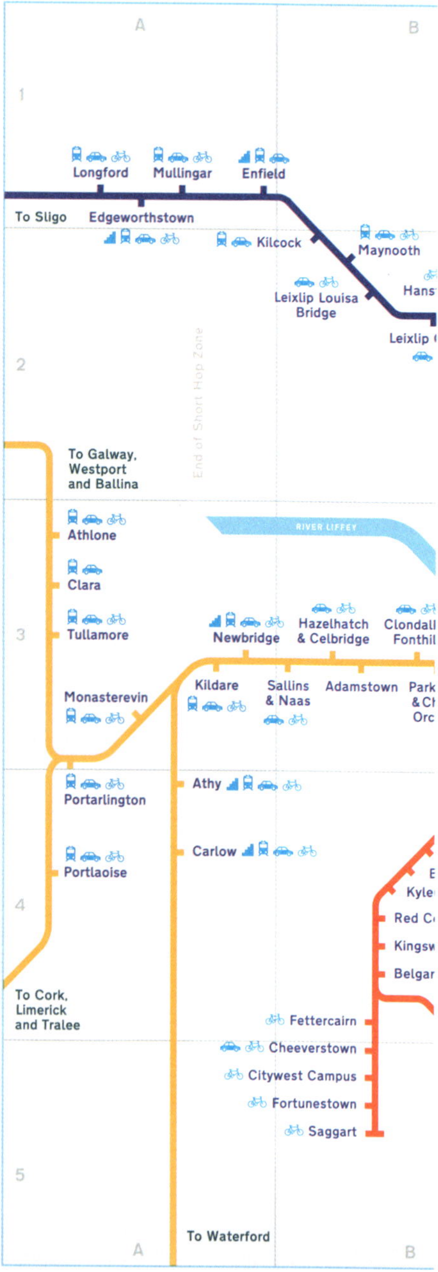

January 2024. Designed by Richard Hart and Chris Singleton for Style Factory Communications Ltd. © Metro Nation